연애학교
결혼예비학교

워크북

– 개정판 –

세움북스는 기독교 가치관으로 교회와 성도를 건강하게 세우는 바른 책을 만들어 갑니다.

연애학교 결혼예비학교 워크북(개정판)

초 판 1쇄 발행 2023년 9월 27일
개정판 1쇄 발행 2025년 2월 15일

지은이 | 서상복 · 김은숙
펴낸이 | 강인구

펴낸곳 | 세움북스
등 록 | 제2014-000144호
주 소 | 서울시 종로구 대학로 19 한국기독교회관 1010호
전 화 | 02-3144-3500
이메일 | cdgn@daum.net

디자인 | 참디자인

ISBN 979-11-93996-36-2 (03230)

연애학교 결혼예비학교 워크북

서상복 ♥ 김은숙

LOVE SCHOOL · MARRIAGE PREPARATORY SCHOOL · WORKBOOK

부부학교 겸용

20대 초반 남녀·대학생·싱글과 커플·전문가와 지도자
결혼 후 10년 차까지의 부부·결혼 전 커플

연애와 결혼도 면허증을 따자!!

'결혼식'은 화려하게 준비하면서 '결혼'을 준비하지 않으면,
넘어지며 비틀거리는 어리석은 부부가 된다.
집착하는 결혼 생활이 된다.
결혼 생활이 어려움이 된다.

운전 면허증은 취득하여 자신과 타인 생명을 존중하면서
막상 결혼(연애) 면허증을 취득하지 않으면 무면허 결혼(연애)이 된다.
배우자와 자녀를 힘들게 하고 사명도 구렁텅이에 빠트린다.

연애는 원하면서 연애할 성숙이 없으면 안 된다.
결혼은 원하면서 왜 결혼하는지 잘 모르면 안 된다.

내가 준비하지 못하고 내가 훈련되거나 치유되지 않아,
고슴도치처럼 가시가 나보다 상대를 먼저 찌르고 있을지도 모른다.

자, 이제 결혼 면허증을 따러 가자.
자, 이제 연애 면허증을 따러 가자.

- 서상복 -

서상복 소장의 연애학교 + 결혼예비학교

"이런 점이 좋더라"

1. 치유와 회복이 있는 결혼예비학교! 첫날을 치유와 회복 집회로 연다!
자기를 바르게 사랑해야, 자신이 건강하고 성숙해야 타인을 바르게 사랑할 수 있기 때문이다.

2. 30년이 넘도록 한 길만 걸어온 '전문 가정 사역자'의 노하우를 전수한다.
짧지 않은 6주간의 전문적인 내용에 비해 등록비가 저렴하다.

3. 구체적인 질문과 응답이 실질적이고, 개인적으로 고민이 되는 '이성 교제'와 '결혼 문제'를 해결한다.

4. 언약과 삼위일체의 '성격적 관점'으로 일관되게 진행하여, 성경적인 초점을 가지고서 인본적인 요소를 제거한다. 따라서 철저하게 전문적이면서 성경적인 깊이에 만족한다.

5. 많은 자료들을 제공한다. 이후에도 언제든 멘토가 필요할 때 케어가 가능하다.

6. 교파와 개교회를 초월하여 싱글 청년, 커플 청년, 젊은 부부를 위해 여는 과정이다.

7. 모두 출석한 분에 한하여 결혼 면허증(연애 면허증 겸함)을 발급한다.

8 **MBTI 심리 검사, Strong 적성 검사, 대인관계 능력 검사**(Firo-b), **기질 테스트, 에고그램 등 개인의 필요에 따라 전문적인 검사를 받을 수 있다**(실비로 도움받을 수 있다).

대상에 따라 맞춤으로 도움을 받을 수 있다.

대학생, 20대 초반 이성 교제와 성(性)에 관하여 성경적인 세계관으로 체계를 잡을 수 있다. 잘못된 '결정'이나 '교제'로 인한 낭비를 막고 '바른 회복'과 '성숙'을 돕는다. 실질적인 연애에 도움이 된다.

싱글과 커플 실질적인 연애와 결혼에 도움이 된다. 치유와 회복이 된다. 인격과 신앙 성숙에 도움이 된다.

결혼 전 커플 결혼에 구체적인 도움을 받는다. 결혼에 필요한 자료를 필자(서 소장)에게 받아 실제적인 유익을 누린다.

결혼 후 10년 차까지의 부부 결혼 초 많이 겪는 결혼 생활의 어려움에 대하여 바른 가이드를 얻는다. 바른 결혼 생활을 점검한다. 더욱 풍성한 결혼 생활을 할 수 있다. 치유와 회복이 된다. 바른 신관을 정립한다.

전문가와 지도자 성경적인 상담과 치유를 배운다. 가정 사역을 위한 교회 지도자나 전문가들에게 실질적인 도움이 된다. 십자가 복음과 하나님 나라 복음으로 바른 신학을 정립한다.

한눈에 보는

연애학교 · 결혼예비학교

우리 사랑하기 전에, 하나님 나라 준비

Ⅰ. 하나님과 사랑하자
Ⅱ. 나를 사랑하자
Ⅲ. 이웃과 세상을 사랑하자
Ⅳ. 나 자신이 먼저 깨끗하자
Ⅴ. 바른 복음으로 회복하자 – 바른 십자가 복음, 하나님 나라 복음

여호와께서 그 백성의 상처를 싸매시며 그들의 맞은 자리를 고치시는 날에는 달빛은 햇빛 같겠고 햇빛은 칠 배가 되어 일곱 날의 빛과 같으리라 사 30:26

오직 여호와가 네게 영원한 빛이 되며 네 하나님이 네 영광이 되리니 여호와가 네 영원한 빛이 되고 네 슬픔의 날이 마칠 것이라 사 60:19~20

Ⅰ. 하나님과 사랑하자

"하나님의 형상으로 회복,
누군가 사랑하기 전에 하나님을 먼저 사랑하라."

1. 세상이 깨진 이유와 죄의 본질

1) 죄의 본질

SIN 'I – centeredness' : **자기중심성**, 내가 모든 것의 중심인 것

2) 죄의 결과

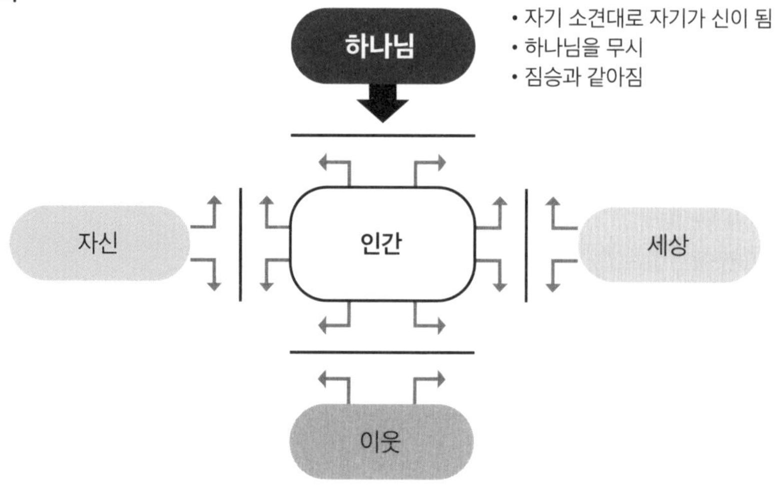

〈그림 1〉 죄의 결과와 관계 단절 모습

2. 죄의 전체 모습

잎과 열매	**죄의 열매와 잎**	사회 규범에 대한 위반 / 윤리 · 도덕 · 법에서 다루는 영역
줄기	**죄의 줄기**	마음과 생각 속에서 일어나는 죄 / 종교에서 다루는 영역
뿌리	**죄의 뿌리**	자기중심성, 하나님 무시, 기독교의 죄의 본질(동기와 목적의 자기중심, 자기 유익)

〈표 1〉 죄의 심층적인 단면

3. 하나님의 해결책

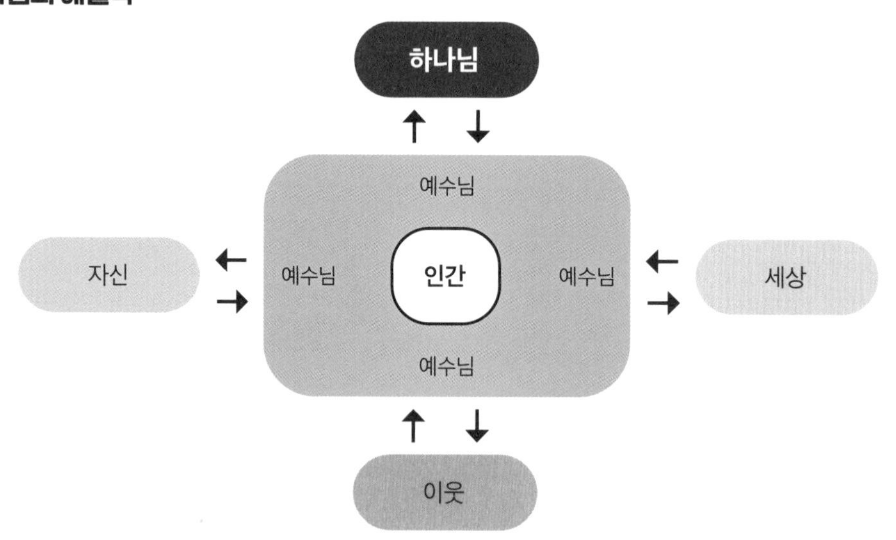

〈그림 2〉 죄의 결과와 예수님으로 인한 죄의 해결과 관계 회복

Ⅱ. 나를 사랑하자

"누군가 사랑하기 전에 자신을 먼저 사랑하라."

1. 이 땅, 하나님 나라

✔ 성경적 자아상 3요소 ✔ 자존감 3요소 ✔ 행복 3요소 ✔ 성숙 3요소

<table>
<tr><th colspan="2">소속감
(자기 안전감)</th><th colspan="2">가치감
(자기 조절감)</th><th>유능감 = 능력
(자기 효능감)</th></tr>
<tr><td colspan="2">소속감</td><td>자부심</td><td>자신감</td><td>사명감</td></tr>
<tr><td>영접,
구원받음,
용서받음(회개)

1. 하나님 소속
2. 자기 자신 소속
3. 이웃 소속(가정. 교회 등)
4. 환경 소속, 자연 친화, 문화</td><td>[원수]

종,
백성,
자녀,
부부</td><td colspan="2">1. 은사와 사명 발견
2. 10개 이상 찾아 개발
3. 남을 세우고 돕기
4. 작은 성공 경험 여러 번</td><td>30, 60, 100배
남김과 영향력

1. 샘 곁에 가지
2. 축복의 통로
3. 포도주, 열매 맺는 삶
4. 탁월성, 전문성</td></tr>
</table>

〈표 2〉 성경적 자아상 3요소, 자존감 3요소[1]

1 — 구요한, 『내적치유를 이렇게 하라』 (백합미디어, 2002). 김성수,"기독교상담과 세계관," 『복음과 상담』 26 (2002), 8-32. 박성수, "가족상담이론에 관한 기독교적 이해," 『기독교 가족 상담』 (1994), 73-96. 오성춘, 『기독교 가족상담의 이론과 실제』 (파주: 한국장로교출판사, 1994). 전요섭 외 11명, 『복음주의 기독교 상담학』 (서울: 한국가정상담연구소, 2004). 총 5권의 내용을 참고하여 필자(서 소장)가 정리하고 보충함.

2 나의 자아상을 건강하게 하라[2]

건강한 자아상 테스트

그렇지 않다 ⇨ **1**　　그렇지 않은 편이다 ⇨ **2**　　보통이다(모르겠다) ⇨ **3**
그런 편이다 ⇨ **4**　　그렇다 ⇨ **5**

① 나는 늘 새로운 감각을 가지고 살아가고 있다.	1	2	3	4	5
② 나는 가족뿐 아니라 다른 이들과도 친하게 지낸다.	1	2	3	4	5
③ 나는 독립성이 강하여 내가 할 수 있는 일은 내가 한다.	1	2	3	4	5
④ 나는 인격자로서 행동하려고 애쓰며 품위를 소중히 여긴다.	1	2	3	4	5
⑤ 나는 다른 이가 어려움을 겪을 때 기꺼이 돕는다.	1	2	3	4	5
⑥ 나는 내 일에 신념을 가지고 있다.	1	2	3	4	5
⑦ 나는 매사를 긍정적으로 생각한다.	1	2	3	4	5
⑧ 나는 정직하며 솔직하다.	1	2	3	4	5
⑨ 나의 감정 상태는 늘 평화롭다.	1	2	3	4	5
⑩ 나는 나를 높게 평가하며 자랑스럽게 생각한다.	1	2	3	4	5
⑪ 나는 유머가 있는 사람이며, 마음을 기쁘게 유지한다.	1	2	3	4	5
⑫ 나는 낯선 환경에서도 잘 적응한다.	1	2	3	4	5
⑬ 나는 매사에 자신이 있으며 적극적으로 행동한다.	1	2	3	4	5
⑭ 나는 나 자신과 나의 욕구로부터 자유롭다.	1	2	3	4	5
⑮ 나는 감정적이지 않고 합리적이다.	1	2	3	4	5
⑯ 나는 다른 이의 생각이나 감정을 잘 이해한다.	1	2	3	4	5
⑰ 나는 내 말의 영향을 생각한다.	1	2	3	4	5
⑱ 나는 소비적이기보다는 생산적인 사람이다.	1	2	3	4	5
⑲ 나는 나와 관계하는 모든 이에게 유익이 되도록 애쓴다.	1	2	3	4	5
⑳ 나는 평화를 사랑하고 정의를 소중하게 생각한다.	1	2	3	4	5

나의 점수 : ____________________

2 — 프레드 레니크 외, 『건강한 자아상을 가지라』 (서울: 나침판, 2005). 변상규, 『자아상의 치유』 (남양주: NUN, 2015). 윤홍균, 『자존감 수업』 (파주: 심플라이프, 2016).

- 85점 이상: 좋은 자아상으로 성취적인 삶을 살아갈 수 있다.
- 84–70점: 비교적 원만하고 성공적이다.
- 69–60점: 긍정적으로 개발하도록 노력해야 한다.
- 59–50점: 부정적 자아상인 편이어서 삶에 문제가 많이 생길 수 있다.
- 49점 이하: 자아상이 상당히 부정적이어서 개선이 시급하다.

3. 혼자서도 잘 지내고 행복해야 한다

✔ 공동 의존 성향 ✔ 상호 의존 성향 ✔ 관계 중독 확인

사이토 다카시 교수는『결국은, 자존감』에서 "당신은 혼자 있어서 외로운 것이 아니라 혼자 있지 못해서 외로운 것이다."라고 말한다.

관계 중독 테스트 1[3] - 대한신경정신의학회

절대로 그렇지 않다 ⇨ 1	그렇지 않다 ⇨ 2	그렇지 않은 편이다 ⇨ 3	모르겠다 ⇨ 4
그런 편이다 ⇨ 5	그렇다 ⇨ 6	매우 그렇다 ⇨ 7	

① 누군가 날 사랑해 주지 않으면 행복하지 않다. (　　)
② 마음이 이끌리는 사람을 찾아야 한다는 강박충동을 느낀다. (　　)
③ 누군가 나를 정말로 필요로 한다고 생각되면 그 사람에게 마음이 끌린다. (　　)
④ 혼자서 심적 괴로움을 감당해 낼 힘이 없다. (　　)
⑤ 교제하는 애인이 없으면 허전하고 부족함을 느낀다. (　　)
⑥ 나 자신이 성적으로 너무 지나치지 않은가 하는 죄책감이 들 때가 있다. (　　)
⑦ 다른 사람들보다 마음이 이끌리는 사람을 쉽게 확인할 수 있다. (　　)
⑧ 부모님에게 중독적인 성향이 있었다. (　　)
⑨ 나를 알고 나를 완전히 사랑해 줄 이상적인 이성을 꿈꾼다. (　　)
⑩ 이성을 만날 때마다 정복의 대상으로 생각하는 경향이 있다. (　　)
⑪ 사랑하는 사람의 결점을 인정하지 않으려고 한다. (　　)

3 — 토마스 위트만 · 랜디 피터슨,『사랑에도 거리가 있어야 합니다』(서울: 기독교문화사, 1997).

⑫ 어린 시절을 생각해 볼 때 아직도 해결되지 않은 문제가 있어서 그것으로 지금도 고통받고 있다. (　　)

⑬ 내게는 누군가 사랑할 수 없도록 만드는 뭔가 잘못된 점이 있다고 생각한다. (　　)

⑭ 성적 매력이 없다고 자주 느낀다. (　　)

⑮ 사랑하는 사람의 결점을 자신이 바꾸어 줄 수 있다고 생각한다. (　　)

⑯ 다른 사람이 내게 무엇인가를 필요로 할 때 보통 양보하는 편이라고 생각한다. (　　)

⑰ 때때로 사귀는 상대로부터 부당한 대우를 받는 경우도 있지만, 사랑받기 위해서는 그러한 대우는 참을 만한 것이라고 생각한다. (　　)

⑱ 나를 굉장히 기쁘게 해 줄 이상적인 상대를 꿈꾼다. (　　)

⑲ 사랑하는 사람이 나의 결점을 보안해 준다고 생각한다. (　　)

⑳ 연애를 할 때면 사랑과 증오의 감정이 뒤섞인다. (　　)

㉑ 연애를 하면 일체 다른 사람들과의 관계를 뒷전으로 하는 경향이 있다. (　　)

㉒ 성관계를 가질 때 가장 사랑받는다는 느낌을 받는다. (　　)

㉓ 사귀는 상대가 다른 사람에게 관심을 보이면 굉장히 질투한다. (　　)

㉔ 최근 마음에 상처를 입은 탓에 굉장히 고통스러웠다. (　　)

㉕ 사랑할 때면 힘이 나고 활력이 넘친다. (　　)

㉖ 텔레비전이나 영화에서 본 사람들과 섹스를 하는 공상을 자주 한다. (　　)

㉗ 사랑하는 사람과 한 주나 그 이상 떨어져 있어야 할 때는 몸이 아픈 것 같다. (　　)

㉘ 이성과 사귀면 그 관계가 내 삶을 지배한다. (　　)

나의 점수 : ____________________

- 28–50점: 애착 없고, 매우 건강, 자기 분화
- 51–60점: 건강한 편
- 61–70점: 보통
- 70–90점: 초기 중독
- 91–120점: 중간 중독
- 121점 이상: 심한 중독

관계 중독 테스트 2 - 대한신경정신의학회

문항에 해당이 되면 괄호 안에 (○)를, 해당이 되지 않으면 (x)를 표시하자.

① 친구의 무리한 부탁을 거절하지 못한다. (　　)
② 내가 손해를 보더라도 관계를 유지하는 것이 더 중요하다. (　　)
③ 부서의 회식 자리에 빠지지 않고 거의 항상 끝까지 남는다. (　　)
④ 사회생활에서 가장 중요한 것은 실보다 인맥 관리이다. (　　)
⑤ 내가 가장 많은 에너지를 쏟는 것은 인맥 관리이다. (　　)
⑥ 모든 인간관계는 결국 언젠가 내게 도움이 될 것이기에 소중하다. (　　)
⑦ 동료가 얘기하자고 하면 급한 일이 있어도 거절하지 못한다. (　　)
⑧ 동료들과 근무 시간에 자주 이야기를 나누는 편이다. (　　)
⑨ 휴대 전화 메시지 주고받기를 즐긴다. (　　)
⑩ 웹 메신저 대화를 먼저 끝내기가 어렵다. (　　)
⑪ 친구와 동료의 생일, 기념일을 항상 기억해 두었다가 선물을 하고
친구들에게 연락을 하는 것은 내 몫이다. (　　)
⑫ 소속된 동호회가 많아서 동호회 게시판을 둘러보는 데만 한 시간이 걸린다. (　　)
⑬ 메신저(페이스북, 카톡, 블러그, 인스타그램, 문자, 이메일, 밴드 등)를
업무 이외의 용도로 하루 2시간 이상 꾸준히 사용하면서 친분 관계를 두텁게 한다. (　　)
⑭ 내가 이렇게 신경을 써 주는데, 사람들은 내 노력을 몰라 주거나
당연하게 여기는 것 같아서 서운할 때가 있다. (　　)
⑮ 만약 사람들이 나를 따돌리는 것 같은 느낌이 든다면 너무 우울할 것 같다. (　　)
⑯ 내 생각과 다르지만 그 사람과 관계를 유지하기 위해 동의한 적이 있다. (　　)
⑰ 내가 가장 듣기 싫은 말은 "이젠 그만 만나자"라는 것이다. (　　)

나의 점수(○의 개수) : ____________________

- 0–2점: 관계 중독 가능성이 없다. 다소 자의식이 강한 편이다.
- 3–7점: 관계 중독이 아니며 관계 지향적이다. '좋은 사람'이라는 평가를 받는다.
- 8점 이상: 8개에서 더 많으면 많을수록 관계 중독 성향이 강하다고 보면 된다.

4. 미성숙을 찾아 성숙해져야 한다

어린아이는 자기중심적이고 사랑할 수 없다.

성인아이의 일반적 특성[4]

정신적 특성	✔ 혼란스러움, 충동적 사고(쉽게 중독에 빠짐), 자기 통제와 완전주의 지도자나 의지하는 사람에 너무 영향을 많이 받음 ✔ 신앙에 기복이 심함, 신앙 행위에 너무 의존, 하나님을 교도관으로 여김
정서적 특성	✔ 죄책감과 수치심 – 남에게 잘 보이려고 지나치게 애를 쓴다. ✔ 낮은 자존감, 분노, 억압 (원한, 억울함, 우울감, 자기연민, 슬픔, 질투, 스트레스, 불안, 신체적 불편함) ✔ 우울 (슬프고도 실망하는 기분, 불유쾌한 감정, 피곤감, 무력감, 흥미나 의욕을 상실함, 정신 활동, 일상 활동력 감퇴, 자책감, 허무감, 자포자기, 갈등 일으킴, 피해망상, 비관적 망상, 자살 기도 등)
행동적 특성	✔ 정상적 모델을 찾음 (비현실적인 기대) ✔ 정체성이 부족 ✔ 강박적인 경향으로 지나친 행동을 함 (과도한 성취, 과식, 과로, 과도한 운동, 과소비, 탐닉, 중독, 고통, 음식 집중, 섹스, 종교, 권력, 금전, 소비 과도함, 알코올 중독) ✔ 지나친 책임과 과잉 반응, 우유부단함 (결과에 만족 못함, 일 시작에 어려움)
관계적 특성	✔ 친밀한 관계를 어려워함 ✔ 상호 의존성 (Co-Dependence, 자신을 책임질 수 없는 자들을 위해 대신 돌보며 대신 책임을 떠맡음) ✔ 불신함, 의심함, 지나친 방어
신체적 특성	✔ 두통, 어지러움, 소화 장애, 전신의 통증, 홧병, 불면증, 고혈압, 심장병, 암, 기타 육체적 질병, 알코올 중독, 흡연 중독, 폰 중독, 마약 중독, 무질서한 식사

4 — 팀 슬레지, 『역기능가정에서 자라난 성인아이를 위한 치유 안내서』 (서울: 요단출판사, 2011).

성인아이의 특징 1 - 팀 슬레지(Tim Sledge)[5]

그렇지 않다 ⇨ 1 그렇지 않은 편이다 ⇨ 2 보통이다(모르겠다) ⇨ 3
그런 편이다 ⇨ 4 그렇다 ⇨ 5

① 자신이 무엇을 느끼는지 또는 무엇을 느끼지 못하는지를 알지 못한다. ( )
② 특별한 이유도 없이 수치심을 느낄 때가 있다. ( )
③ 타인으로부터 칭찬이나 인정의 말을 듣는 것을 어색해하거나 받아들이지 못한다. ( )
④ 타인과 친밀한 관계를 맺는 데 어려움이 있다. ( )
⑤ 계속해서 사건과 사람들을 통제해야 할 필요를 느낀다. ( )
⑥ 항상 너무 지나치게 노력한다. ( )
⑦ 매우 높은 목표 설정하고 나서, 그 목표를 위해 직접 착수하는 일을 계속 뒤로 미룬다. ( )
⑧ 억압된 분노를 처리하는 데 어려움이 있다. ( )
⑨ 이렇다 할 이유 없이 두려움(공포감)을 느낄 때가 종종 있다. ( )
⑩ 실패에 대한 두려움에 압도되거나 성공에 대한 두려움에 시달린다. ( )
⑪ 충동적인 행동을 한다. 이는 두려움과 고통을 감소시키기 위해서 하는 행동이다. ( )
⑫ 권위를 상징하는 인물에 대한 태도에 커다란 문제가 있다. ( )
⑬ 어린 시절의 전부 혹은 일부를 빼앗겼다는 느낌이 있다. ( )
⑭ 정상적인 것이 무엇인지 알지 못해 당황해한다. ( )
⑮ 다른 사람들이 원치 않을 때에도 다른 이들의 문제에 책임을 진다. ( )

나의 점수 : ____________________

- 15점에 가까울수록 치유되어 성숙하다.
- 75점에 가까울수록 성인아이로서의 특징이 심하다는 것을 나타낸다.
- 45점 이상은 상담가나 치유 사역자, 가정 사역자를 만나 도움을 받아야 한다.
- 총점이 44점 이하로 어느 정도 성숙하다는 결과가 나왔어도 3점짜리 이상의 문항이 1점(그렇지 않다)이 나올 때까지 개선을 위한 방법을 2개 이상 찾아서 노력해야 한다.

5 — 위의 책.

성인아이의 특징 2 - 팀 슬레지(Tim Sledge)[6]

그렇지 않다 ⇨ 1	그렇지 않은 편이다 ⇨ 2	보통이다(모르겠다) ⇨ 3
그런 편이다 ⇨ 4	그렇다 ⇨ 5	

① 성인아이는 무엇이 정상적인 행동인지를 혼란스러워한다. (　　)

② 성인아이는 처음에 계획한 것을 끝까지 이행하는 데 어려움을 겪는다. (　　)

③ 성인아이는 쉽게 진실을 말할 수 있는 때에도 거짓말을 한다. (　　)

④ 성인아이는 자신을 무자비하게 비판한다. (　　)

⑤ 성인아이는 재미있는 시간을 보내는 데 어려움을 느낀다. (　　)

⑥ 성인아이는 자기 자신을 너무 심각하게 받아들인다. (　　)

⑦ 성인아이는 친밀한 관계를 맺기가 어렵다. (　　)

⑧ 성인아이는 자신이 통제할 수 없는 변화에 대해 과민 반응을 보인다. (　　)

⑨ 성인아이는 끊임없이 칭찬과 인정받기를 원한다. (　　)

⑩ 성인아이는 항상 자신이 남들과 다르다고 느낀다. (　　)

⑪ 성인아이는 지나치게 책임을 지려 하거나 지나치게 무책임하다. (　　)

⑫ 성인아이는 상대가 충성을 받을 자격이 없다는 증거가 분명한 때에도 지나치게 충성한다. (　　)

⑬ 성인아이는 충동적이다. 성인아이는 아무런 대안이나 대책 없이 가능한 결과들에 대해 고려해 보지도 않고 행동한다. (　　)

나의 점수 : ____________________

- 13점에 가까울수록 치유되어 성숙하다.
- 65점에 가까울수록 성인아이가 더 심한 정도를 나타낸다.
- 39점 이상은 상담가나 치유 사역자, 가정 사역자를 만나 도움을 받아야 한다.
- 총점이 38점 이하로 어느 정도 성숙하다는 결과가 나왔어도 3점짜리 이상의 문항이 1점(그렇지 않다)이 될 때까지 개선을 위한 방법을 2개 이상 찾아서 노력해야 한다.

6 — 위의 책.

성인아이의 특징 3 - 한국회복사역연구소 고병인 소장[7]

그렇지 않다 ⇨ 1　　그렇지 않은 편이다 ⇨ 2　　보통이다(모르겠다) ⇨ 3
그런 편이다 ⇨ 4　　그렇다 ⇨ 5

① 성인아이는 강박적인 성격을 갖고 있다. (　　)

② 성인아이는 자기 평가를 낮춘다. (　　)

③ 성인아이는 자신의 행복이 다른 사람에게 달려 있다고 확신한다. (　　)

④ 성인아이는 부정과 억압의 우두머리이다. (　　)

⑤ 성인아이는 자기가 바꿀 수 없는 것을 염려하며 바꾸려고 애쓴다. (　　)

⑥ 성인아이는 자기의 삶을 극단적으로 나눈다. (　　)

⑦ 성인아이는 자신들의 삶에 결핍되어 있거나 부족한 어떤 것을 끊임없이 구한다. (　　)

나의 점수 : ____________________

- 7점에 가까울수록 치유되어 성숙하다.
- 35점에 가까울수록 성인아이로서의 특징이 심하다는 것을 나타낸다.
- 21점 이상은 상담가나 치유 사역자, 가정 사역자를 만나 도움을 받아야 한다.
- 총점이 20점 이하로 어느 정도 성숙하다는 결과가 나왔어도 3점짜리 이상의 문항이 1점(그렇지 않다)이 나올 때까지 개선을 위한 방법을 2개 이상 찾아서 노력해야 한다.

구체적인 자기 성장 상태(미숙함) 점검 - 서상복 소장

그렇지 않다 ⇨ 1　　그렇지 않은 편이다 ⇨ 2　　보통이다(모르겠다) ⇨ 3
그런 편이다 ⇨ 4　　그렇다 ⇨ 5

① 성인아이는 강박적 성격. 물건 크기대로 정돈하기, 손 자주 씻기, 발을 떠는 습관, 손톱을 뜯는 습관, 의식으로는 거부하면서 무의식의 이끌림(잘못된 습관) 등으로 잘못된 사람과 연애하거나 결혼한다. (　　)

---

7 — 고병인, 『중독사회와 한국교회의 치유사역』 (서울: 동연출판사, 2019). 고병인, 『예수님 내 마음이 아파요』 (서울: 한국가정사역연구소, 2000).

② 성인아이는 자기 평가를 낮춘다. ( )

③ 성인아이는 자신의 행복이 다른 사람에게 달려 있다고 확신한다. 그들은 항상 "만약 그 사람이 변화되기만 하면 행복해질 텐데"라고 생각한다. ( )

④ 성인아이는 부정과 억압의 우두머리이다. 자신이 성장해 온 가정의 기능이 올바르게 수행되지 않은 것에서 시작되었기에, 이미 공개된 가정의 비밀을 숨기려고 한다. ( )

⑤ 성인아이는 자기가 바꿀 수 없는 것을 염려하며 바꾸려고 애쓴다. ( )

⑥ 성인아이는 자기 삶을 극단적으로 나눈다. 인간관계는 극단적인 상충과 갈등, 화를 내다가 다정하고 사랑하다가 싸우고 하는 생활이 반복된다. 오랫동안 삶이 수평을 이룬 적이 없다. ( )

⑦ 성인아이는 자신들의 삶에 결핍되어 있거나 부족한 어떤 것을 끊임없이 구한다. "내 안에 커다란 구멍을 가진 것 같은데 내게는 빠진 것이 있는 것 같아요." 성인아이는 외적인 환경과는 상관없이 불안정하고 불만스럽다. ( )

⑧ 충고를 공격으로 생각하거나 쉽게 상처받는다. ( )

⑨ 약점에 대하여 지나치게 의식하여 숨기려고 애를 쓴다. ( )

⑩ 지나치게 다른 사람을 의식하거나 비교한다. ( )

⑪ 남을 칭찬하지 못한다. ( )

⑫ 올바른 대인 관계가 어렵다. ( )

⑬ 사소한 일에도 쉽게 좌절한다. ( )

⑭ 육체적 정신적 질병의 포로가 된다. 염려와 두려움이 많다. ( )

⑮ 꿈과 소망이 없다. 부정적이다. 비관적이다. ( )

⑯ 자기 관리 능력이 부족하다. 즉, 돈, 시간, 우선순위, 자기계발, 폰, TV, 게임, 인터넷, 관리나 절제가 부족하다. ( )

⑰ 감정 지수가 낮다. 타인 이해력이 낮아 자기중심적이며, 대인 관계가 힘들다. ( )

⑱ 유머가 부족하다. ( )

⑲ 건전한 취미 활동, 문화생활, 운동, 여행 등이 부족하다. ( )

⑳ 비전이 분명하지 않거나 뚜렷한 은사 개발을 하지 않는다. 일이나 돈에 책임감이 부족하다. ( )

나의 점수 : ____________________

- 20점에 가까울수록 치유되어 성숙하다.
- 60점 이상은 상담가나 치유 사역자, 가정 사역자를 만나 도움을 받아야 한다.
- 총점이 59점 이하가 나와 어느 정도 성숙하다는 결과가 나왔어도 3점짜리 이상의 문항은 부분적으로 미숙하다는 것을 말하기 때문에 1점(그렇지 않다)이 나올 때까지 개선을 위한 방법을 2개 이상 찾아서 노력해야 한다.
- 100점에 가까울수록 더 많이 미숙하거나 성인아이가 더 심한 정도를 나타낸다.

5. 역경을 이겨 내는 능력이 좋아야 사랑을 잘할 수 있다

연애와 결혼은 좋은 것만큼 역경을 이겨 내야 하는 경우도 많이 있다.

역경을 이겨 내는 능력 지수 - RQ 지수, 회복 탄력성 지수

그렇지 않다 ⇨ 1　　그렇지 않은 편이다 ⇨ 2　　보통이다(모르겠다) ⇨ 3
그런 편이다 ⇨ 4　　그렇다 ⇨ 5

① 어려운 일이 생겼을 때 나는 내 감정을 통제할 수 있다. (　　)
② 당장 해야 할 일을 방해하는 일이 생겨도 무시하고 일을 잘해 낼 수 있다. (　　)
③ 비록 그렇지 않다고 하더라도, 일단 내가 문제를 해결할 수 있다고 믿는 편이 더 낫다. (　　)
④ 문제 생기면 여러 가지 해결 방안들에 대해 생각한 뒤에 해결하려고 노력한다. (　　)
⑤ 사람들의 얼굴 표정을 보면 어떤 감정인지 알 수 있다. (　　)
⑥ 첫 번째 해결책 효과 없으면 효과 있는 것을 찾아낼 때까지 계속 여러 해결책을 생각해 본다. (　　)
⑦ 나는 호기심이 많다. (　　)
⑧ 내가 무슨 생각을 하는지, 나의 생각이 내 기분에 어떤 영향을 미치는지 잘 알아챈다. (　　)
⑨ 나는 문제가 생길 때 처음 떠오르는 생각들이 무엇인지 안다. (　　)
⑩ 누가 어떤 문제에 대해 과잉 반응을 보이면 나는 그 사람이 그날 유독 기분이 나빠서 그런 것이라고 생각하는 편이다. (　　)
⑪ 문제가 생기면 그 이유가 무엇인지 신중하게 생각한 뒤에 문제를 해결하려고 노력한다. (　　)
⑫ 슬퍼하거나 화를 내거나 당황하는 사람을 보면 그들이 어떤 생각을 하는지 잘 알 수 있다. (　　)
⑬ 나는 내가 대부분의 일을 잘해 낼 것이라고 생각한다. (　　)
⑭ 나는 새로운 것들을 좋아하는 편이다. (　　)

나의 점수 : ____________________

- 70점: 회복 탄력성 지수 만점
- 46점: 회복 탄력성 지수의 평균 수준
- 52점 이상: 회복 탄력성 상위 20%
- 55점 이상: 회복 탄력성 상위 10% (대단히 높은 회복 탄력성)
- 41점 이하: 회복 탄력성 하위 30% (꾸준히 높이기 위해 노력이 필요함)

6. 건강한 감정이 되어야 사랑을 잘할 수 있다

상처와 열등감, 분노와 불안과 염려와 거절감, 무기력, 쾌락 중심, 허무감, 의심, 불신 등의 감정이 자연스럽지 않은 감정을 만든다. 이는 대인 관계에 어려움을 준다. 특히 연인이나 가족이나 배우자에게 더욱 그러하다. 대표적인 자연스럽지 않은 병든 감정은 우울, 질투, 분노, 공포의 감정이다. 존재적 사랑보다는 소유적, 가치적, 상대주의적 사랑으로 인한 감정과 사고이다.

정서적으로 건강하지 못한 영성 11가지[8]

그렇지 않다 ⇨ 1　　그렇지 않은 편이다 ⇨ 2　　보통이다(모르겠다) ⇨ 3
그런 편이다 ⇨ 4　　그렇다 ⇨ 5

① 하나님께 도망치고자 하나님을 이용한다. 내 만족을 위해 하나님의 일을 한다. 내 소원을 위해 하나님께 요구하는 것이 많다. (　　)

② 분노, 슬픔, 두려움의 감정은 즉시 억누른다. (　　)

③ 자신의 정당한 욕구조차 거부한다. 음악, 미술, 기쁨과 웃음, 우정, 문화, 아름다움, 레크리에이션, 자연, 여행, 휴식 욕구 같은 욕구는 왠지 사치라고 생각한다. (　　)

④ 발목을 잡는 과거를 덮어 두려고만 한다. 현재에 미치는 과거의 영향력을 부정한다. (　　)

⑤ '속된 것'과 '거룩한 것'을 칼같이 나눈다. (　　)

⑥ 하나님과 동행하기보다 사역을 하기에만 바쁘다. (　　)

⑦ 사람과의 갈등은 무조건 피한다. (　　)

⑧ 상처, 약점, 실패는 철저히 은폐한다. (　　)

⑨ 내 한계를 절대 인정하지 않는다. (　　)

⑩ 다른 사람을 쉽게 평가하고 판단한다. (　　)

⑪ 가정과 한국의 부정적 문화로 인해 내면에 새겨진 부정적 믿음이나 부정적 사고와 부정적 감정의 흔적이 있다. 하나님이 두렵거나 겁날 때가 많다. (　　)

나의 점수 : ______________________

8 — 피터 스카지로, 『정서적으로 건강한 영성』 (서울: 두란노, 2016.), 37-50, 79-80.

- 11점에 가까울수록 정서적으로 건강한 영성이다.
- 55점에 가까울수록 정서적으로 건강하지 못한 영성의 정도를 나타낸다.
- 33점 이상은 상담가나 치유 사역자, 가정 사역자를 만나 도움을 받아야 한다.
- 총점이 32점 이하로 어느 정도 성숙하다는 결과가 나왔어도 3점짜리 이상의 문항이 1점(그렇지 않다)이 나올 때까지 개선을 위한 방법을 2개 이상 찾아서 노력해야 한다.

건강한 정서[9]

그렇지 않다 ⇨ 1	그렇지 않은 편이다 ⇨ 2	보통이다(모르겠다) ⇨ 3
그런 편이다 ⇨ 4	그렇다 ⇨ 5	

① 자신의 감정을 명명하고, 인식하고, 다룬다. ( )

② 다른 사람과 자신을 동일시하고 적극적인 동정심을 가진다. ( )

③ 친밀하고 의미 있는 관계를 만들고 이어 간다. ( )

④ 자신을 망가뜨리는 감정 패턴에서 도망쳐 나온다. ( )

⑤ 과거가 현재에 미치는 영향에 대해 인지한다. 자신의 가족과 문화를 통해 전수된 세대 간의 패턴과 지금의 부정적인 모습이 어떤 관련이 있는지 인식한다. ( )

⑥ 생각이나 감정을 말 또는 비언어적 표현으로 내보이는 능력을 계발한다. ( )

⑦ 사람들을 내 의도대로 바꾸려 하기보다 있는 그대로 존중하고 사랑한다. ( )

⑧ 자신의 필요나 요구에 대해 보다 분명하게, 직접적으로, 공손하게 요청한다. ( )

⑨ 자신의 능력이나 한계, 약점을 정확하게 평가하고 하나님과 다른 사람에게 솔직하게 말한다. 자신의 상처와 취약성을 감추지 않고 기꺼이 인정하며 하나님께나 사람들에게나 자신의 가식을 버리고 솔직하게 드러내는 것을 쉽게 한다. ( )

⑩ 갈등이 생겼을 때 다른 사람의 관점에서 고려하고 타협점을 찾아 성숙하게 해결하는 능력을 배운다. ( )

⑪ 자신의 성과 성적 욕구를 알아차리고 적절하게 표현한다. ( )

⑫ 자신의 슬픔을 잘 표현한다. ( )

---

9 — 위의 책, 61, 80, 86-87.

⑫ 나는 불완전하고 유한하지만 그럼에도 불구하고 존귀한 존재다.
하나님의 은혜와 자비를 도리어 강하게 재발견한다. ( )

⑬ 나는 세상에서 하나님께 받은 힘과 사랑을 주장할 가치가 있다. ( )

⑭ 나는 존재할 자격이 있다. 사랑할 수 있고, 사랑받을 수 있는 것보다 더 부요하고,
아름다운 삶은 없다는 것을 깨닫는다. ( )

⑮ 내가 이 땅에 존재한다는 것이 좋다. 성공이나 소유, 사람의 인정에 집착하지 않는다.
내 모습 이대로 괜찮다고 말한다. 하나님의 자녀 된 것을 느낀다. ( )

⑯ 나에게는 하나님이 주신 남다른 독특한 정체성이 있다. 하나님이 주신 독특한 삶,
부르신 고유의 사명을 알고 감당한다. 더 이상 다른 사람의 삶을 따르거나 흉내 내거나
거짓된 삶을 살지 않는다. ( )

⑰ 나는 존귀하며 관심을 받을 만한 가치가 있다. ( )

⑱ 나는 기뻐하고 즐거워할 자격이 있다. ( )

⑲ 나는 실수할 수 있고 완벽하지 않아도 괜찮다. ( )

⑳ 지식에 넘치는 그리스도의 사랑을 경험적으로 알고 그 너비와 길이와 높이와 깊이가
어떠함을 어느 정도 깨닫는다(엡 3:18-19). ( )

나의 점수 : ____________________

- 100점에 가까울수록 건강한 정서를 가진 것이다.
- 20점에 가까울수록 건강하지 않은 정서를 나타낸다.
- 60점 이하는 상담가나 치유 사역자, 가정 사역자를 만나 도움을 받아야 한다.
- 총점이 61점 이상으로 어느 정도 성숙하다는 결과가 나왔어도 3점짜리 이상의 문항이 5점(그렇다)이 나올 때까지 개선을 위한 방법을 2개 이상 찾아서, 총점이 최소 80점 이상에서 100점에 가깝게 나오도록 노력해야 한다.

건강한 감정을 나타내는 감성 지능이 높은 사람의 특징[10]

그렇지 않다 ⇨ **1**	그렇지 않은 편이다 ⇨ **2**	보통이다(모르겠다) ⇨ **3**
그런 편이다 ⇨ **4**	그렇다 ⇨ **5**	

① 인성적으로 훌륭 (　　)

② 자기 주장 확실 (　　)

③ 스트레스에 잘 견딤 (　　)

④ 퇴행, 위축 행동이 적다 (　　)

⑤ 어려움을 당할 때는 정면 도전 (　　)

⑥ 자신감이 넘친다 (　　)

⑦ 독립적, 일을 주도적으로 진행 (　　)

⑧ 열정, 기쁨으로 스스로 동기화 (　　)

⑨ 목표 달성에 필요한 방법을 쉽게 찾음 (　　)

⑩ 어려운 상황 속에서 고통스러운 감정을 느낄 때도 좌절하지 않는다 (　　)

나의 점수 : ____________________

- 50점에 가까울수록 높은 감성 지능을 가진 것이다.
- 10점에 가까울수록 감성 지능이 낮은 정도를 나타낸다.
- 30점 이하는 상담가나 치유 사역자, 가정 사역자를 만나 도움을 받아야 한다.
- 총점이 31점 이상으로 어느 정도 성숙하다는 결과가 나왔어도 3점짜리 이상의 문항이 5점(그렇다)이 나올 때까지 개선을 위한 방법을 2개 이상 찾아서 노력해야 한다.

10 — 위의 책, 37-50, 79-80.

건강한 감정 VS 자연스럽지 않는 감정 5가지[11]

건강한 감정	병듦	자연스럽지 않은 감정
슬픔	⇒	우울
화	⇒	분노
부러움	⇒	질투
두려움	⇒	공포
사랑	⇒	소유

Ⅲ. 이웃과 세상을 사랑하자

1. 사명가, 의미 있는 사람 되기

나의 정체성, 전인 치유의 정점

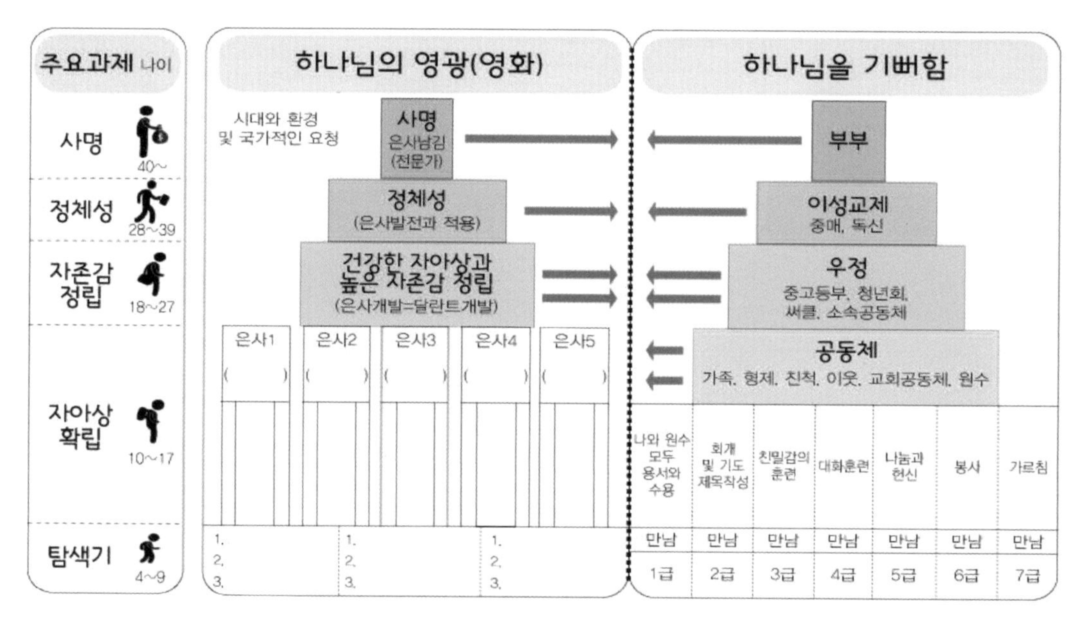

〈그림 3〉 성경적인 인간의 삶의 목적 한눈에 보기

11 — 위의 책, 37-50, 79-80.

2. 사랑의 5가지 표현 방법

게리 채프먼의 『5가지 사랑의 언어』

5가지 방법	잘되고 있는 항목	실천에 문제 있는 항목	구체적 실천 방안
1. 격려하고 인정하는 말하기			
2. 섬김의 행위 (봉사)			
3. 선물을 주는 일			
4. 함께하는 시간, 특별 대화 시간 갖기			
5. 신체적 접촉과 친밀성			

〈표 5〉 사랑의 5가지 표현 방법

Ⅳ. 자신이 먼저 깨끗하자

"누군가를 사랑하기 전에 자신이 먼저 깨끗해야 한다. 거룩해야 한다."

"깨끗해야 하나가 된다."(회개록)[12] 거룩과 깨끗함이 하나 됨과 사랑하는 능력이 된다. 각자가 깨끗하지 않으면 사랑을 노력해도 터진 웅덩이가 되고 고달파지며, 바른 친밀이 없게 된다.

1. 교만(superbia)을 용서하소서

교만은 죄악의 뿌리이다. 자기의 의로움으로 다른 이를 멸시한다.

ex. 바리새인의 세리에 대한 교만(눅 18:9–14), 선악과, 바벨탑 등

▶ 적용점

① 하나님을 의식하지 않는 것이다.

② 하나님이 사랑하시는 사람을 사랑하지 않는 것이다.

③ 남을 쉽게 비판하고 정죄하여 자신이 판단자, 신의 위치에 있으려는 것이다.

④ 자신을 지나치게 학대하고 지나치게 열등하다고 여기는 것이다.

⑤ 지나친 불안과 염려, 지나치게 열심히 사는 것은 자신이 하나님 없이 인생을 책임지는 태도이다.

⑥ 우는 자를 위해 같이 울지 않고 도리어 비난하고 수치를 드러내며, 공동체에 속하지 않는 것이다.

⑦ 하나님을 속이려는 것이다.

12 — 이동원, 『회개행전』(서울: 규장, 2000). 신원하, 『죽음에 이르는 7가지 죄』(서울: IVP, 2013)에서 서상복 소장이 요약 · 정리하고, 일부는 수정 · 보완하여 '회개록'으로 만들었다.

2. 질투(invidia)를 용서하소서

인생을 망하게 하는 잘못된 에너지가 된다.

ex. 동생 아벨을 죽인 가인, 요셉을 죽이려 한 형들, 모세와 아론에게 반역한 고라와 그 무리들, 다윗을 시기한 사울 왕, 예수님의 포도원 품꾼 비유(마 20:1-16), "그날 후로 사울이 다윗을 주목하였더라"(삼상 18:9).

▶ 적용점

① 은사나 사명, 부르심이 각자 다름을 인정하지 못한다.

② 자기의 사명이 얼마나 놀라운 가치가 있고 복된지 알지 못한다.

③ 하나님은 온전히 선해서 나에게 가장 좋은 것을 주셨음을 믿지 않는다.

④ 남을 인정하고 칭찬하기를 쉽게 하지 못한다.

⑤ 배우려고 하지 않으며, 충고를 받아들이지 않는다.

⑥ 시기, 다툼, 분쟁, 중상, 비난, 험담, 한담, 수군거림, 미움, 고통, 악의.

3. 분노(ira)를 용서하소서

그 자체는 죄가 아니나 잘 처리되고 절제되지 않으면 죄가 된다.

ex. 가인이 아벨과 하나님께 분노한다(창 4:1-15).

"미련한 자는 당장 분노를 나타내거니와 슬기로운 자는 수욕을 참느니라"(잠 12:16)

▶ 적용점

① 통제하기 어려운 감정이며, 영혼을 어둡게 만든다.

② 복수하려는 의지를 가지며, 상대를 적으로 만든다.

③ 상처받은 자의 건강하지 않은 반응이다.

④ 자신이 우수하고 탁월하다고 생각하는 교만이 분노로 나타난다.

⑤ 인간관계를 경쟁 관계로 본다.

⑥ 분노해서 생긴 죄의 소원을 다스리지 못하여 죄가 된다.

욕을 한다. 무관심하다. "밉다", "죽이고 싶다", "절대 이야기하지 않겠다", "내가 그보다 낫다".

⑦ 복음을 바르게 드러내지 못하게 되며, 그리스도를 닮는 일에 실패한다.

⑧ 내 삶을 잘 살아 내는 것이야말로 상처에 대한 가장 멋진 복수이다.

4. 탐심(탐욕, avaritia)을 용서하소서

바이러스같이 자신에게 바른 것이 없게 만들고 자신을 혼돈 속에 빠지게 한다.

ex. 어리석은 부자의 비유, 이웃에게 관심이 없음과 필요 이상의 소유를 하는 것과 영혼의 문제를 소유로 해결하고 하나님을 경외함 없는 것. 물질과 소유가 하나님 되는 것(눅 12:13-21).

▶ 적용점

① 하나님 나라를 이루려는 목적이 없다. 삶의 주인이신 주님을 자꾸만 잊고 내가 주인이 되어 살아간다.

② 공동체를 우선하지 않고 자기중심적이다. 헌신과 봉사를 잘하지 않고, 하더라도 자기를 위해서 한다.

③ 상대의 필요보다 자기 필요가 더 중요하다. 이웃에 대해 무관심하며 인색하다. 상대방을 '너'가 아닌 '그것'으로 대한다.

④ 자신이 우상이 되어 버리며, 도박이나 투기, 사치를 많이 한다.

⑤ 탐욕이 낳은 7가지 자식들 – 배신, 사기, 거짓, 위증, 불안, 폭력, 냉담

⑥ 소유를 존재보다 귀하게 여기며, 자신이 소유한 것들로 자신의 정체성을 판단하고, 다른 사람도 동일하게 판단한다.

5. 탐식(gula)을 용서하소서

마음의 병이 된다.

ex. 사람의 수고는 다 자기의 입을 위함이니 그 식욕은 채울 수 없느니라(전 6:7).

① 그레고리우스의 5가지 탐식의 유형

- 속식 (급하게 먹는 것)
- 탐식 (개걸스럽게 먹는 것)
- 과식 (지나치게 많이 먹는 것)
- 미식 (까다롭게 먹는 것)
- 호식 (사치스럽게 먹는 것)

② 탐식하는 사람들의 특징

- 다른 사람에 대해 무관심하고 감사가 없다.
- 탐식은 정욕을 낳는다. 유혹과 쾌락과 정욕과 중독이 된다.
- 배부름과 맛과 쾌락이 삶의 목적이 된다.
- 지나치게 먹는 것을 중요하게 여긴다. 먹는 것이 우상이다.
- 자신이 우상이 된 것이다.
- 하나님의 뜻과 하나님 나라에 관심이 없으며, 바른 목적 없이 허무하다.
- 결국 자신을 파멸시킨다. 비만, 술, 담배, 각종 중독.

6. 게으름(나태, acedia)을 용서하소서

ex. 제사장 엘리가 자녀 교육과 제사장 직분에 게으름(삼상 3:10-14).

▶ 적용점

① 지나친 열심도 게으름이다.

② 아무것도 하지 않아서 맡은 사명을 감당하지 않는다. 건강도 잃고, 행복도 잃고, 발전과 건강도 잃어가기에 자학의 죄에 해당한다.

③ 시대나 사회나 공동체나 이웃이나 상대방을 방관함으로써 간접 폭력이나 간접 살인죄가 되기도 한다.

④ 하나님을 존중하지 않기에 맡긴 사명과 일에도 게으르다.

⑤ 이웃이나 공동체나 가족을 사랑하지 않기에 게으르다. 사명과 사랑이 없다.

⑥ 게으름(나태)의 다른 모습은 우울과 지루함이다.

⑦ 게으름(나태)은 파괴적인 미루기다.

⑧ 게으름(나태)은 인간관계를 나쁘게 한다.

⑨ 게으름(나태)은 자기 연민에 빠지게 한다.

⑩ 게으름은 나쁜 습관을 가지고 있다.

7. 정욕(luxuria)을 용서하소서

낡은 옷처럼 벗어야 한다.

ex. 다윗이 밧세바를 범함(삼하 11:1-5). "사람이 불을 품에 품고야 어찌 그 옷이 타지 아니하겠으며 사람이 숯불을 밟고야 어찌 그 발이 데지 아니하겠느냐"(잠 6:27-28).

▶ 적용점

① 쾌락이 가장 중요하여 우상이 된 죄. 정욕의 죄를 짓기 전에, 짓고 싶어서 미리 준비하는 것이 원이 된다. 다윗이 그러했다.

② 상대방을 수단시한 것이다. 남자든 여자든 상대방을 성적 쾌락의 대상으로만 보는 것이다.

③ 사명이나 하나님 나라를 무시하거나 가볍게 여긴 죄가 된다.

④ 내 몸을 함부로 내 것이라고 여기어 학대하는 잘못이 생긴다.

⑤ 내 몸이 성령님께서 거하시는 성전인 것을 인식하지 못하는 것이다.

⑥ 음욕을 품고 여자를 보는 것이다.

⑦ 현실도피가 정욕으로 몰아간다.

⑧ 바른 대인 관계에 몰입하라.

※ **방관죄**: 문둥이가 서로 말하되 우리의 소위가 선치 못하도다 오늘날은 아름다운 소식이 있는 날이어늘 우리가 잠잠하고 있도다 만일 밝은 아침까지 기다리면 벌이 우리에게 미칠찌니 이제 떠나 왕궁에 가서 고하자 하고(왕하 7:9)

▶ 적용점

① 지나치게 분주하고 바쁜 것도 게으름이다. 조금 중요한 것을 너무 많이 하다가 가장 중요한 것(사명)을 가장 많이 노력하지 못해 결국 사명을 잘 감당해 내지 못한 것이므로 게으름의 죄이다.

② 하나님을 선하고 좋은 분으로 믿지 못했기에 시간과 자기 사명을 낭비할 수 있다.

③ 게으름으로 인해 구하거나 도울 수 있는 것을 하지 못했기에 간접 살인죄나 간접 폭력을 한 죄가 곧 방관죄이다.

V. 바른 복음으로 회복하자

"바른 복음은 두 가지이다. 바른 십자가 복음과 하나님 나라 복음이다."

1. 하나님 나라를 이루는 삶과 결혼이 되게 하자

> [마 25:34] 그때에 임금이 그 오른편에 있는 자들에게 이르시되 내 아버지께 복 받을 자들이여 나아와 창세로부터 너희를 위하여 예비된 나라를 상속 받으라

성령의 인침으로 기업의 보증이 되심 – '보증', '아라번', '계약금'(행 2:33; 엡 1:14)

1) 성경 전체의 주제가 하나님 나라

연애, 결혼, 직장, 가정, 신앙생활의 지향점과 목적이 모두 하나님 나라를 이룸과 드러냄이어야 한다.[13]

2) 출애굽은 하나님 나라가 이루지는 과정

3) 다윗과 시편의 주제도 하나님 나라

다윗의 인생은 하나님 나라 성장사. 다윗의 왕국도 하나님 나라	
시편 103편, 139편	산상수훈의 8복, 주기도문의 모태
시편 90-106편, 119편	'하나님이 통치하신다', '하나님이 심판하신다'

4) 하나님 나라를 잔치와 상속으로 설명

① 모세의 시내산 잔치 (출 24:11)

② 다윗왕 식탁 (The King's Table)

③ 아가서: 솔로몬과 술람미의 혼인 잔치

④ 탕자 돌아왔을 때 (눅 15:11-31)

⑤ 삭개오 집, 세리 · 마태의 집 잔치 (마 9:9-13; 막 2:13-17; 눅 5:27-32)

⑥ 첫 번째 표적인 가나 혼인 잔치 (요 2:1-12)

- 부활 축제로서의 혼인 잔치
- 성찬식으로서의 혼인 잔치

5) 예수님 사역의 결론(마 9:27-38)이 하나님 나라

13 — 권율, 『연애신학』 (서울: 샘솟는 기쁨, 2022), 36-38.

[눅 8:1; 9:1-2] 그 후에 예수께서 각 성과 마을에 두루 다니시며 하나님 나라를 선포하시며 그 복음을 전하실새 열두 제자가 함께 하였고
[눅 12:32] 적은 무리여 무서워 말라 너희 아버지께서 그 나라를 너희에게 주시기를 기뻐하시느니라

6) 예수님의 3대 사역(마 4:23; 9:35)의 주제가 하나님 나라

① 하나님 나라를 가르침 (말씀과 비유, 기적, 가르침, 설교)

② 하나님 나라를 보임 (치유, 기적, 귀신 쫓아냄)

③ 하나님 나라를 전파 (복음 전파, 선교)

7) 예수님은 부활하신 후에도 하나님 나라의 일을 하시다가 승천하심

[행 1:3] 그가 고난 받으신 후에 또한 그들에게 확실한 많은 증거로 친히 살아 계심을 나타내사 사십 일 동안 그들에게 보이시며 하나님 나라의 일을 말씀하시니라

8) 예수님의 8복에 대한 가르침도 하나님 나라 (눅 6:20–25)

산상수훈의 핵심은 8복이다. 8복의 핵심은 '이러이러한 사람은 복이 있는데 하나님 나라가 저희 것'이라고 하는 말씀, 즉 하나님 나라를 누리는 원리에 관한 말씀이다. 산상수훈은 시내산 언약에서 하나님과 이스라엘의 결혼 언약을, 대상은 모든 믿는 사람으로 확대하고 내용은 더 분명한 하나님 나라로 심화한 것이다. 8복은 하나님 나라 가르침이면서 신랑 예수님과 성도가 결혼 언약으로 혼인 서약을 하는 내용이다.

9) 주기도문도 하나님 나라 (마 6:9–13; 눅 11:2–4)

"나라가 임하오시며"	하나님의 통치
"뜻이 하늘에서 이루어진 것 같이 땅에서도 이루어지게 하소서"	하나님의 통치가 이 땅에 임하기를 구하는 것
"일용할 양식을 주소서"	일반적인 경제와 삶에 하나님의 통치
"죄를 용서해 주소서"	인간관계에도 하나님의 통치
"시험에 들게 하지 마소서"	유혹의 이 땅에 하나님의 다스림이 이루어짐

10) 예수님의 비유가 모두 하나님 나라(눅 13:18–21; 마 13).

예수님의 비유는 거의 대부분이 "하나님 나라는 마치…."라며 하나님 나라를 이 땅의 우리가 아는 것을 비유로 잘 이해하기 위해 가르치셨다. '비유'는 원어로 '파라볼레'라고 하여 '옆에 두다'라는 뜻이다. 하나님 나라를 이 땅에 우리가 잘 아는 것 옆에 두어 잘 이해하고 선명하게 보이는 역할을 하게 한다는 뜻이다.

11) 예수님의 제자들도 하나님 나라가 주제

> [눅 9:1-2] 예수께서 열두 제자를 불러 모으사 모든 귀신을 제어하며 병을 고치는 능력과 권위를 주시고 하나님 나라를 전파하며
> [눅 9:60] 이르시되 죽은 자들로 자기의 죽은 자들을 장사하게 하고 너는 가서 하나님 나라를 전파하라.

12) 바울도, 빌립도, 제자들도 하나님 나라가 주제

> [행 8:12] 빌립이 하나님 나라와 및 예수 그리스도의 이름에 관하여 전도함을 그들이 믿고 남녀가 다 세례를 받으니
> [행 19:8] 바울이 회당에 들어가 석 달 동안 담대히 하나님 나라에 관하여 강론하며 권면하되
> [행 28:23] 그들이 날짜를 정하고 그가 유숙하는 집에 많이 오니 바울이 아침부터 저녁까지 강론하여 하나님의 나라를 증언하고 모세의 율법과 선지자의 말을 가지고 예수에 대하여 권하더라

2. 십자가 복음의 중심에 서기

우리는 사랑하기 전에 성령에 충만해야 상대 중심의 바른 사랑이 가능하다. 진정한 사랑은 홀로 힘으로나 노력만으로는 안 된다. 바른 십자가 복음으로 돌아가면 자유함과 풍성함을 누린다(마 27:45–56).

1) 진정한 출애굽, 십자가: 십자가 은혜 = 성령 충만 = 이 땅에 하나님 나라

① 십자가는 애굽(죄, 사망, 저주, 상처와 질병, 사단, 열등감)에서 구원을 완성함

② 엑소도스(Exodus), 출(헬: 엑소더스)애굽 = 십자가 대속 죽음(Exodus, 눅 9:31)

③ 십자가의 철저한 저주: 돌아오지 못하는 광야로 간 아사셀 염소 (레 16:10, 22)

④ 십자가의 보혈 은혜 – 겟세마네(올리브 기름을 짜는 틀), 감람산(Mount of Olives)

⑤ 십자가 복음 이후 성령 충만, 하나님 나라의 능력을 드러냄

[우슬초로 정결(레, 시편), 치유, 임직에 피, 기름, 십자가, 부활 후 성령의 기름 부으심]

"염소가 그들의 모든 불의를 지고 접근하기 어려운 땅에 이르거든 … 광야에 놓을지니라"(레 16:22)

온 땅에 어둠이 임했다 (마 27:45)	① 예수님에게 우리(믿는 자)의 죄 값 담당, 심판 · 진노 · 저주 ② 참 유월절, 죄와 사망과 저주에서 출애굽 (자유하게, 구원) ③ 예수님이 우리를 종으로 잡던 사단을 이기심
절규하셨다 (마 27:46; 시 22:1,2)	① 십자가에서 못 박힌 고통보다 하나님 아버지로부터 단절과 버림 ② 예수님의 십자가 고통은 몸이 감당하기 힘든 저주 ③ 크게 소리를 지르시고 돌아가심 (오후 3시)
내가 목마르다 (요 19:28)	① 생명수를 주심 ② 성령을 주심 ③ 하나님 나라를 주심
심장 파열사	① 물과 피를 쏟으심 (요 19:34) ② 바위들도 터졌더라 (마 27:51) ③ 이미 죽은 것을 보고(군인) (요 19:33) ④ 오후 3시 큰 소리를 지르고 돌아가심 (마 27:50; 막 15:37)
창조주가 피조물이 되심	① 4차원이 3차원이 되심 ② 30년간 인간으로 사심 ③ 하나님이 피조물 되심
성부에게 버림받으심 (마 27:46; 막 15:34)	① 하나님 아버지로부터 버림받고 십자가에서 저주받으심 ② "아버지여, 어찌하여 나를 버리시나이까?"
벌거벗김 (마 27:35; 요 19:23)	① 속옷도 취함 ② 우리에게 가죽옷을 입히심 (창세기 복음 성취) ③ 그리스도로 옷 입음 · 예수님의 신부로서의 회복
죄값 온전히 지불	① 쓴 포도주(쓸개) 입에 대지 않으심 ② 저주의 값을 온전히 다 갚음 (마 27:34; 눅 23:36; 요 19:30)

2) 십자가 보혈의 은혜는 감람산에서도

① 비둘기 물고 온 것: 감람(橄欖)나무 잎(창 8:11) (감람나무 = 올리브(olive)나무)

② 감람산(Mount of Olives): 기름(올리브 油), 겟세마네(올리브 기름을 짜는 틀)

3) 예수님 죽음 후에 일어난 표적들을 알자 (마 27:51-53)

① 예수님께 머리 찍힌 용(사단) / 꼬리(제한적인 유혹, 거짓)로 유혹: 여인(교회)

② 교회는 성령의 능력으로 인도 · 보호받으며 예수님의 십자가 승리를 이어 감

③ 우리도 자신의 남은 사명을 성령 충만함으로 힘 있게 감당함

4) 십자가의 구속사적 관점으로 회복하자

요한계시록 4-19장(다니엘서 7장, 욥기, 레위기) 등의 성경을 십자가의 대속으로 해석한다.

정리와 나눔

1. 오늘(첫날) 깨달은 것이나 결심들을 적어 보고 나누어 보자.

❶ 나는 십자가의 복음을 바로 알고 있었는가?
새롭게 알게 된 사실이나 은혜는 무엇인가?

❷ 나는 사랑할 성숙함이 있는가? 나의 부족한 부분은 무엇인가?

❸ 나는 성숙을 위해 어떻게 노력해야 할까?

❹ 강의 중에 받은 은혜는 무엇인가? 그리고 나는 어떻게 노력해야 할까?

2. 나의 기도 제목(비전과 상처, 아픔까지)을 조원, 커플, 배우자에게 나누고 이를 위해서 개인과 서로를 위해 기도하자.

결혼과 연애를 하나님 나라로

성경의 3대 주례사 말씀

[주례사 1]
하나님/에덴 이러므로 남자가 부모를 떠나 그 아내와 연합하여 둘이 한 몸을 이룰지로다 창 2:24 아담과 그의 아내 두 사람이 벌거벗었으나 부끄러워하지 아니하니라 창 2:25

[주례사 2]
예수님 말씀하시기를 그러므로 사람이 그 부모를 떠나서 아내에게 합하여 그 둘이 한 몸이 될지니라 하신 것을 읽지 못하였느냐 마 19:5 그런즉 이제 둘이 아이요 한 몸이니 그러므로 하나님이 짝지어 주신 것을 사람이 나누지 못할지니라 하시니 마 19:6; 막 10:7-12

[주례사 3]
바울 이러므로 사람이 부모를 떠나 그 아내와 합하여 그 둘이 한 육체가 될지니 엡 5:31 이 비밀이 크도다 내가 그리스도와 교회에 대하여 말하노라 엡 5:32 그러나 너희도 각각 자기의 아내 사랑하기를 자기 같이 하고 아내도 그 남편을 경외하라 엡 5:33

Ⅰ. 연애와 결혼을 언약으로 리모델링 하자

1. 잘못된 결혼 생활

① 인본주의
② 진화론
③ 손쉬운 대체론 (책임과 현실 회피)
④ 상대주의

⑤ 다원주의

⑥ 물질주의

⑦ 가정과 결혼이 수단으로 전락

⑧ 성경적인 결혼과 가정을 잘 모름

⑨ 이원론적인 신앙생활: 헬라니즘

⑩ 미성숙과 치유나 회복의 결여

⑪ 삶의 목적(부르심)이 정립되지 못함
(정체성 결여, 낮은 자존감)

⑫ 남녀 차이, 기질 차이, 성향 차이,
성격 유형 차이를 이해하지 못함

2. 가정 창조

결혼의 목적: 언약의 완성, 삼위일체 하나님의 영광을 드러냄

3. 가정의 성경적 조명

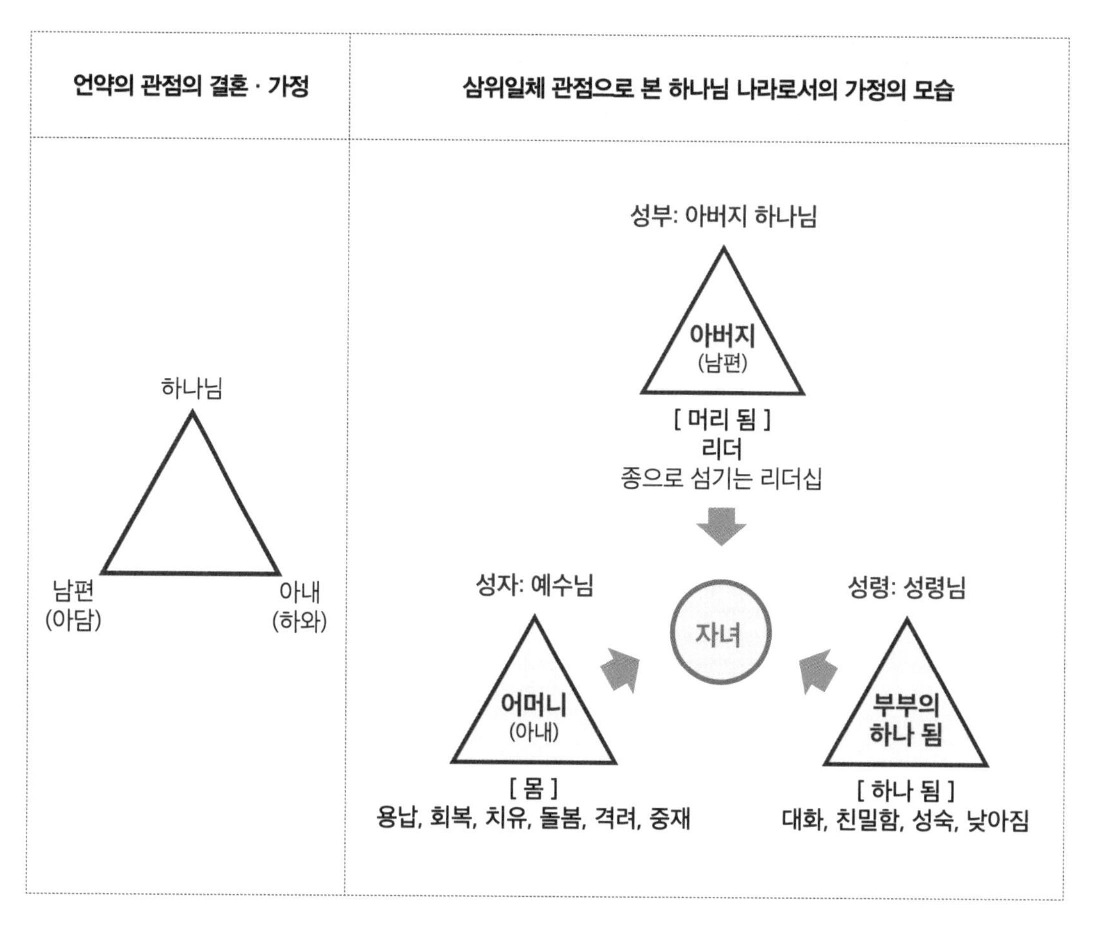

〈그림 4〉 언약과 삼위일체에 근거한 결혼과 가정 역동 보기

4. 결혼의 4가지 원리

"진정한 연애는 부부의 연애이다."

1) 떠남의 원리 (그러므로 그 남자가 그 부모를 떠나…)

① 하나님을 참부모로 전적 순종하고 따르는 신앙적인 성숙과 독립

② 경제적으로 부모나 다른 사람을 의지하지 않고 스스로 자립하는 것

③ 혼자 있어도 정서적, 심리적으로 외롭거나 힘들어하지 않으며 배우자와 부모, 공동체에 고민과 걱정거리가 되지 않게 하는 것

④ 부모도 자녀에게 집착을 버리고 자녀를 떠나보내어 자녀들이 스스로 독립하도록 주장하지도 요구하지도 의존하지도 하지 않겠다는 것

⑤ 배우자를 최우선시하라. 부모와 자녀 관계, 일과 성공보다 배우자를 최우선시하는 일대 관계 혁신, 우선 순위의 변화

2) 연합의 원리

① 연합을 언약함: "아내와 연합하여"(창 2:24)

② 연합하기: '아교로 붙인다'(Cleave)[14]

3) 하나 됨의 원리

"둘이 한 몸을 이룰지로다"(창 2:24)

4) 친밀감의 원리

"두 사람이 벗었으나 부끄러워 아니하더라"(창 2:25)

"부모를 떠나서"(떠남 – Severance)라는 내용에 대한 구체적인 나의 적용

▶ 떠남의 실천

① 육체적 준비 – 건강 관리를 잘함

② 정신적 준비 – 성숙하고 대화를 잘함

③ 도덕적 · 영적 준비 – 자기 관리력이 높다. 책임이 좋다. 바른 신앙을 가지고 있다. 대인 관계를 잘한다.

④ 현실적 준비 – 경제, 집, 직장 등으로 자기 혼자 정도는 부모에게 돈 빌리지 않고 살아갈 준비, 재정이

---

14 — 히브리어의 뜻은 '아교로 붙인다'(Cleave), 즉 뗄 수 없는 한 몸이라는 것이다. 만약 억지로 떼면(이혼) 둘 다 엄청나게 큰 손실과 아픔이 있다는 뜻이다.

부족하면 스스로 해결하면서 살 수 있으면 된다.

⑤ 남녀의 차이를 바로 알자.

"돕는 배필"에 대한 구체적인 나의 적용[15]

히브리말로 '에제르 크네그도'(ezer kenegdo)이다(창 2:18). "하나님이 나를 도우시는 분이시로다."라고 한 '돕는', '에제르'이다. 대표적인 '돕는 배우자'라는 말의 몇 가지 의미는 다음과 같다.

① 하나님은 배우자를 통해서 우리를 가장 많이 도우신다는 것이다.

② 배우자의 사명을 도와준다는 것이다.

③ 둘이 하나가 됨으로 하나님의 삼위일체를 이루는 하나님의 형상을 닮아 가게 한다는 것이다. 혼자 탁월한 신앙보다 부족하지만 둘이 하나 되는 신앙이 더 하나님을 닮았다는 것이다.

④ 진실한 공동체성, 이 땅이 이미 임한 하나님 나라, 원수까지 사랑하는 성령 충만함을 부부 관계에서 제일 먼저 가장 많이 드러낸다.

15 — 위의 책, 7.

Ⅱ. 가정을 삼위일체에 근거한 천국이 되게 하자

1. 삼위일체 관점으로 본 하나님 나라로의 가정의 모습

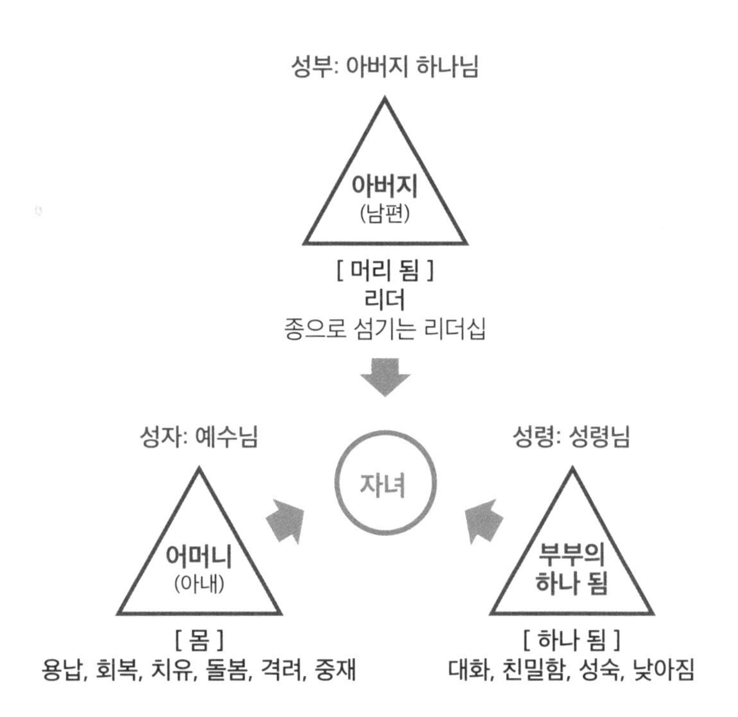

〈그림 5〉 하나님의 삼위일체에 근거한 결혼과 가정 역동 보기

2. 가정과 결혼, 성경적으로 한눈에 보기 (언약과 삼위일체에 근거)

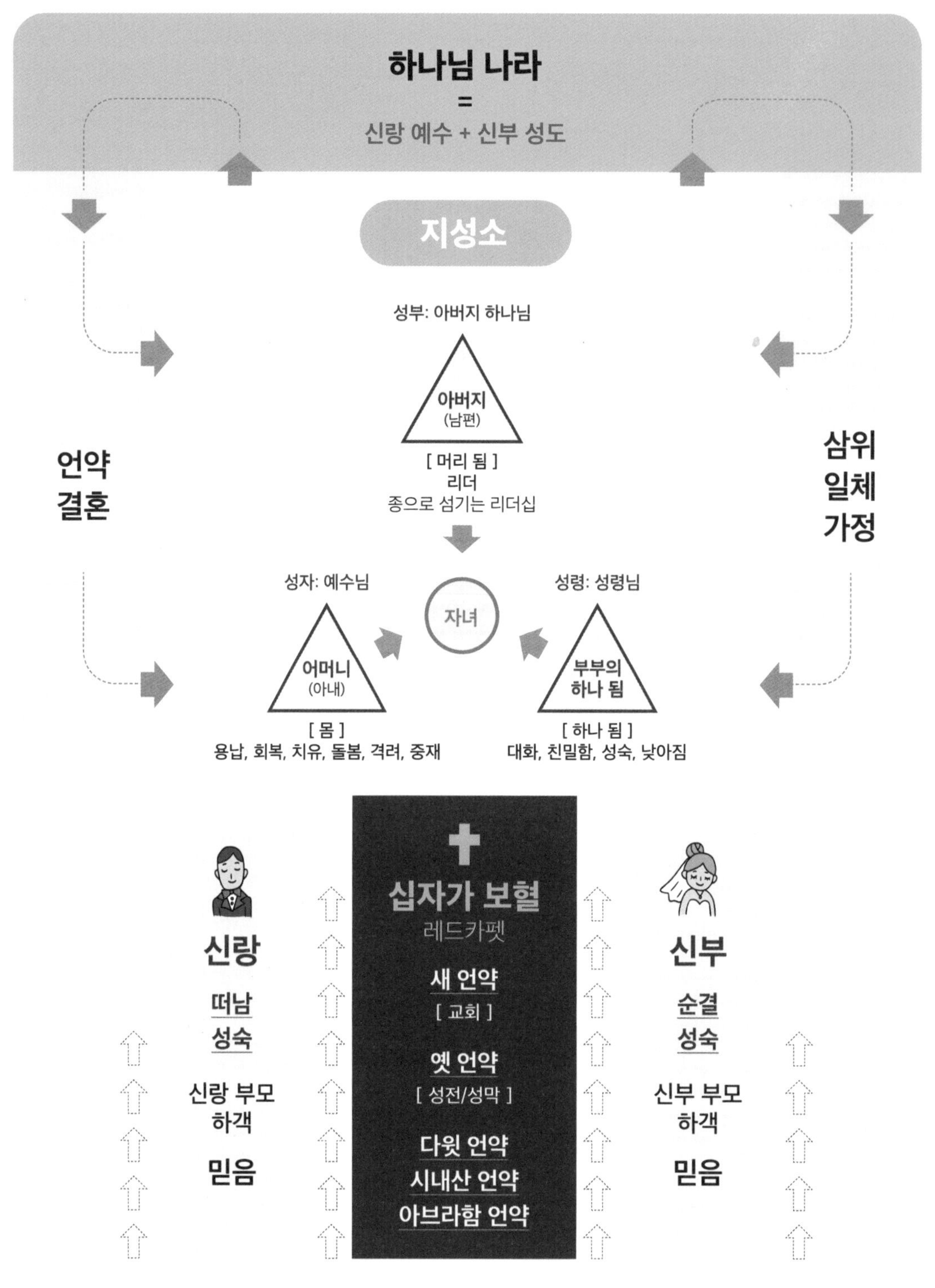

〈그림 6〉 언약과 삼위일체에 근거한 결혼 예배 한눈에 보기

1. 데이트(연애, 이성 교제)란 무엇인가?

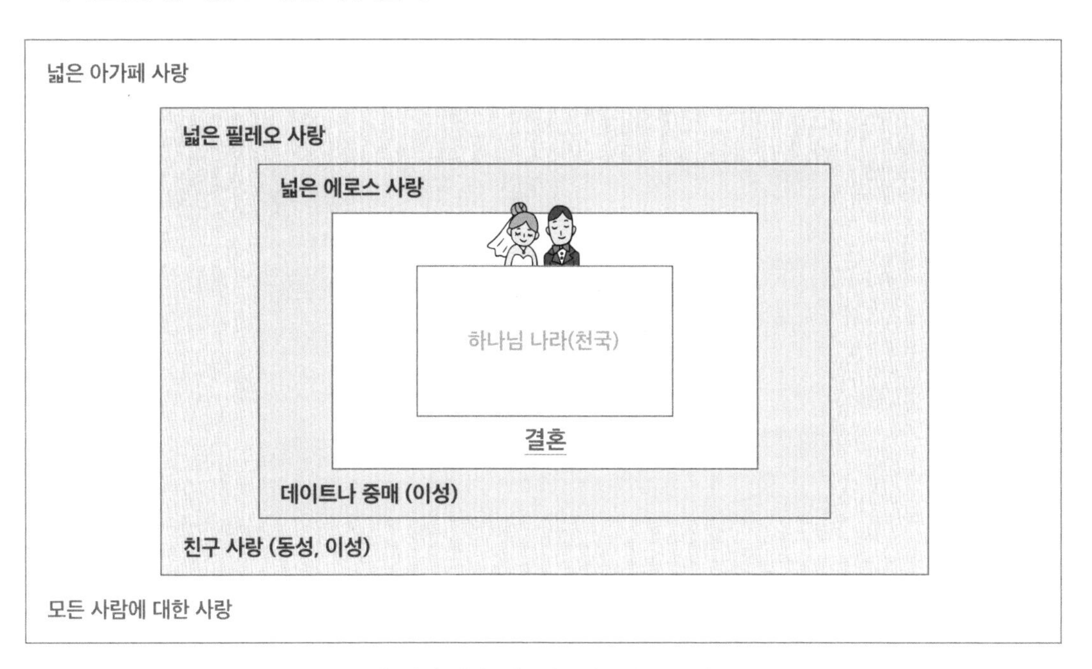

〈그림 7〉 데이트의 통전적 역동 한눈에 보기

2. 준비되지 않은 데이트의 손실

① 올바르게 데이트를 한다고 해도 데이트 자체가 어려운 문제를 가지고 있다.

미성숙, 균형 없음, 절제되지 않음, 남녀 이해 부족, 대화법 부족, 자기 정체성 결여, 대인 관계 부족, 믿음의 부족, 자기 관리 결핍

② 데이트보다 더 좋은 영적 분별력을 잃는다.

③ 아무리 옳은 것도 옳은 때여야 옳다.

④ 데이트 이전에 홀로 있을 때 준비가 허술해진다.

이것은 부족한 연애, 결혼, 삶으로 이어지거나 나쁜 영향을 주게 된다.

⑤ 서로를 친밀하게 대하지만 헌신하지는 않으면서 사랑으로 착각한다.

결국 깊은 상처를 입게 되어 친밀함도 잃게 된다.

⑥ 우정을 건너뛰게 된다. 우정의 기술과 자기 성숙이 연애의 중요한 기초이다.
연애가 우정보다 어렵기 때문이다.

⑦ 육체적인 관계를 사랑으로 착각한다.
치유 · 회복, 성숙, 불안, 스트레스, 성욕, 외로움, 애착결핍, 낮은 자존감을
손쉽게 성관계로써 해결하려고 하기 때문이다.

⑧ 중요한 다른 관계에서 두 사람이 고립된다.
대신 성숙한 데이트는 다른 관계도 풍성해진다.

⑨ 미래를 준비하는 책임에서 주의를 딴 곳으로 돌리게 된다.
자신의 현재 책임과 미래 준비에서 회피, 게으름, 무기력, 포기, 방어, 핑계하는 것은
돕는 배필이 아니라 망하게 하는 배필, 바라는 배필이 되는 것이다.

⑩ 상대방의 성품, 장단점을 자세히 모르게 된다.
단점 70%를 알고도 사랑하는 것이 바른 사랑이다.
단점을 모르는 사랑은 사랑이 아니라 집착이다.

⑪ 사람을 사랑하지 않고 사랑하는 것 자체에 빠지게 된다. 이것은 바른 사랑이 아니라
관계 중독, 공동 의존, 퇴행, 애착과 집착, 외로움, 불행 · 불안에서
잘못된 방어 기제를 드러내는 것이다.

3. 불완전한 데이트가 주는 영향

① 불완전한 데이트는 서로를 친밀하게 만들는지는 모르지만 반드시 헌신하게 하지는 않는다. 부부의 친밀감은 대부분 헌신과 일치한다. 하지만 미혼들의 데이트는 빠져듦과 남성 호르몬의 심한 차이(남자가 최소 8배에서 최대 20배로 여자보다 더 많다.)로 인해 사랑하지 않고도 강한 친밀감을 가지는 경향이 있다. 물론 이것은 남자 본인들도 사랑인 줄 착각하고 여자는 남자를 많이 사랑하는 줄 아는 경우가 많다.

② 우정의 단계를 건너뛴다. 지나친 스킨십과 서로에 대한 지나친 의존때문에 집착으로 향하게 된다. 이것은 결국 금방 시들어져 헤어지거나 마지막에 너무 많은 상처를 주고서 끝나버리게 된다.

③ 육체적인 관계를 사랑으로 착각한다. 사랑하지 않아도 (특히 남자들이) 성관계와 지나친 스킨십 욕구가 사랑인 줄 착각하는 경우가 많다. 여자들에게도 공동 의존, 관계 중독, 낮은 자

존감, 성 중독, 남자 중독인 경우가 있다. 그래서 남자의 성관계 욕구와 과도한 애무를 사랑받음으로 착각하는 경우가 많다. 거절에 대한 두려움으로 싫은 것을 참는다. 물론 남자는 그것을 허락으로 오해해서 서로의 바른 친밀감을 손상시킨다.

④ 다른 중요한 관계들로부터 두 사람을 고립되게 한다.

⑤ 미래를 준비해야 하는 중요한 책임으로부터 주의를 딴 곳으로 돌리게 한다.

⑥ 데이트는 상대방의 성품을 정확하게 평가하지 못하게 한다.

⑦ 사랑하는 것 자체에 집착할 수 있다. 홀로 행복해하지 못한다. 객관성과 우선순위를 조절하지 못한다. 공동 의존이나 관계 중독, 성 중독, 낮은 자존감, 상처가 많을 때 더욱 심하게 일어나는 현상이 바로 그 사람이기에 사랑하는 것이 아니라 단순히 남자이고 단순히 여자이기에 빠져드는 것이다. 첫사랑이 대체로 그런 경우가 많다. 초중고 때 애인을 사랑하는 경우도 많다. 나이가 많이 들어도 미성숙한 성인아이가 그럴 가능성이 많다.

4. 데이트는 필수는 아니며, '중매'와 '독신'도 있다

중매나 선을 보는 것은 연애 실패자가 하는 것이 아니다. 사람의 기질과 성향에 따라 중매와 선을 보는 것이 더 나은 경우도 있다.

삼손은 연애로 실패했고, 이삭은 중매로 행복하기도 했다. 연애가 중매보다 더 낭만 있다는 것은 잘못된 것이다. 중매 후에 연애하면 된다. 각각의 장점이 다양하게 있고, 단점도 다양하게 있다.

5. 서로 사랑하는지 반드시 확인하자

사랑이 아닌 것

●자기중심성 ●소유적 행동(성관계를 원함, 약속을 잘 지키지 못함) ●방어 기재가 많음(지나치게 민감, 까다로움, 화를 잘 냄, 잘 삐짐, 언어가 명확하지 않음) ●자기 관리력이 부족(혼자 있을 때 생활이 무너짐) ●결혼, 연애를 불안이나 스트레스 해소나 부모로의 탈출로 사용 ●가난이나 외로움의 탈출 ●혼자 있을 때 불행하거나 외로움 ●대인 관계가 부족 ●감정 기복이 심함

✔ 사랑의 특징 (고전 13:4-8)

●오래 참음 ●온유함(훈련됨, 부드러움, 변함없음, 친절함) ●상대의 소원을 잘 이루고 지켜 줌 ●상대의 기쁨과 슬픔에 잘 공감해 주고 이루어 줌 ●상대를 인정하고 자주 칭찬하며 자랑함 ●겸손함(충고나 조언을 잘 받음, 잘 배움, 도움도 잘 받음) ●상대의 삶을 존중함 ●상대의 유익을 먼저 생각(성관계 요구를 하지 않음, 상대가 교회에 가 달라고 할 때 교회 감) ●화가 났을 때도 잘해 주고 예의를 지킴 ●선하며 진리를 잘 추구함 ●남을 잘 도와줌 ●잘 참음(분노 조절 잘함) ●항상 하나님과 사람을 잘 믿음

Ⅳ. 연애와 결혼의 고민 해결 1 (질의·응답)

유튜브 「해가연」, 도서 『연애 플랫폼』 참고

1위: 스킨십의 기준

※ 조이스 허기트(Joyce Huggett)[16]: 비교적 기독교적이다.

필자(서상복 소장)도 근본적으로는 지지하나 한국적 문화에 맞게 약간 조정과 보충했다.

1. 조이스 허기트의 스킨십 불가 범위

① 성교(Genital intercourse): 성경에 분명 위배 (고전 6:13, 18; 골 3:5; 살전 4:3)

② 오랄 섹스(Oral sex)

③ 상호 수음(Mutual masturbation)

④ 심한 페팅(Heavy petting)

⑤ 페팅(Petting)

⑥ 오랜 입맞춤(Prolonged kissing): 성관계로 가기에 적절하지 않음

16 — 조이스 허기트, 『결혼과 사랑의 미학』 (서울: IVP, 1993). 조이스 허기트, 『성숙한 사랑에로의 초대』 (나단, 1990).

2. 조이스 허기트의 스킨십 허용 범위

⑦ 가벼운 입맞춤(Kissing)

⑧ 포옹(Cuddling)

⑨ 안아주기(Embracing)

⑩ 손잡기(Holding hands)

3. 서상복 소장의 스킨십 권장 기준

조이스 허기트가 허용한 스킨십 ⑦, ⑧, ⑨번도 한국 문화 안에서는 하지 않도록 하자. 아주 특별한 경우에 여러 사람이 보는 앞에서 장기간 떨어져 있게 될 때 ⑦, ⑧, ⑨번을 할 수는 있으나, 그때조차도 손잡고 팔장 끼는 정도와 아주 가벼운 포옹정도로 한정하자. 연애 중에는 손잡고 가벼운 팔짱 끼는 스킨십으로도 충분하다. 미리 서로 협의하고 약속하라. 결혼 전의 사랑은 지켜주는 것이고, 결혼 후의 사랑은 서로 소속되는 것이다.

4. 스킨십의 기준을 정할 때 점검 항목

① 공적 장소에서도 허용이 된다.

② 이성 간의 친밀성을 유지하는 데 충분히 유지된다.

③ 스킨십의 범위가 이 정도일 경우 혹시 헤어진다고 해도
그 상대방과 더불어 그리스도 안에서 친구나 형제자매로 계속 지낼 수 있다.

④ 이 정도의 스킨십은 나중에라도 후회할 바를 남기지 않는다.

⑤ 혹시 다른 그리스도인과 결혼을 한다고 해도 그 배우자에게
부끄럽거나 미안한 마음을 갖지 않을 수 있다.

2위: 성관계나 스킨십을 이미 지나치게 한 상태라면

① 십자가 앞에 인정하고 용서를 구하라(나도 너를 정죄하지 아니하노니).

② 이제 다시는 반복하지 말라.

③ 사명의 길과 현재의 하나님 나라를 누리라.

3위: 지나친 스킨십의 피해

① 스킨십의 에스컬레이터 현상

② 주목 집중 목적의 행위(attention–getting behavior)

③ 집중력 결여 - 예배나 공부, 죄책감, 낮은 자존감

④ 결혼 후 부부의 성만족 결여, 조루증, 성혐오, 성집착

⑤ 혼전, 혼외 임신, 유산 가능성 - 여성이 성관계 피해 훨씬 큼

⑥ 죄악 된 본성의 작용 - 금지된 것은 하고 싶고, 허락한 것은 매력 없음

⑦ 남녀의 성관계 시각의 차이를 오해

4위: 성 접촉에 대해 기타 질문

1. 성 접촉을 하려는 변명들

① 사랑하니까

② 결혼할 거니까

③ 다들 그렇게 하니까

④ 서로가 원하니까

2. 자위행위(고립된 성)는 죄인가요? 어떻게 하면 안 할 수 있을까요?

① 죄 자체는 아니나 죄성은 있다.

② 죄성은 반복하거나 집착하면 죄가 되는 것이다.

③ 성경에서 악은 어떤 모양이라도 버리라고 했던 그 악의 모양이 곧 죄성이다.

3. 동성애 - 소수 인권 보호 오해

헌법 제17조 바른 해석 필요, 신비와 풍성함의 부부의 성을 알지 못함.

4. 성 문제가 유독 남자에게, 특히 상처가 많은 남녀에게 심한 이유

① 퇴행, 집착, 애착

소속감, 친밀감에 손쉬운 해결을 하기 때문이다(미성숙과 상처).

② **죄된 속성에 지배당함**

금지된 것을 할 때 더 즐거움을 느끼는 죄악 된 심리이며, 결혼 전에 그토록 하려던 성관계를 결혼 후에 잘하지 않는 부부의 섹스리스(sexless) 현상이다.

③ **잘못된 탈출구**

잘못된 방어 기제이다.

④ **자신과 상대를 도구화, 수단화하는 죄이다.**

⑤ **이기심**(자기 중심성)

하나님을 떠난 사람의 가장 큰 특징은 하나님처럼 되는 것이다. 자기중심성은 우주의 중심이 모두 자기가 신이 되어 해석하고 적용하고 생각하고 기뻐하고 화내고 결정하는 것이다.

5위: 하나님이 주신 배우자를 어떻게 알 수 있는가?

1. 교제하면서 하나님을 더욱 사랑하게 된다.

2. 교제하면서 자신의 사명을 더욱 잘 준비하거나 잘 감당하게 된다.

3. 교제하면서 부모나 교회 소속 공동체에 덕을 끼치거나 지지를 받는다.

6위: 그리스도인이 아닌 사람과의 데이트 · 결혼

[고후 6:14-15] 너희는 믿지 않는 자와 멍에를 같이 하지 말라 의와 불법이 어찌 함께 하며 빛과 어두움이 어찌 사귀며 그리스도와 벨리알이 어찌 조화되며 믿는 자와 믿지 않는 자가 어찌 상관하며

7위: 좋은 데이트가 되기 위한 방법

① 서로를 향한 신뢰가 갖추어져야 한다. 각자의 인격이 좋아야 한다는 것이다. 불쌍해서 사귀거나 단순히 느낌이 좋아서 사귀면 의존이거나 집착이지 사랑이 아니다. 반드시 문제가 발생한다.

② 이타적인 생각과 행동의 모습이 포함되어 있어야 한다. 겸손과 무능력, 겸손과 부정적인 것들을 혼돈하지 않아야 한다.

③ 정신적이고, 영적인 것에 더 가치를 두는 만남인가? 즉 하나님을 향한 신앙의 투명성이 확보되어야 한다.

④ 연애 속에는 하나님이 주장하시도록 충분히 문을 열어 놓아야 한다. 연인 사이에 하나님께서 오시면 즐거움이 감소 된다고 느낀다면 문제가 심각하다.

⑤ 서로의 단점을 70% 이상 정도 충분히 노출되었으며 서로의 마음이 충분히 열렸는가?

⑥ 서로의 성격이 다 드러나도 잘 어울린다고 확신하는가? 서로의 성격을 아직 다 모른다면 선택은 미루는 것이 좋다.

⑦ 진실한 애정과 열정이 있는가? 50~60%만 좋아도 좋다고 할 수 있다. 열정이 있으면 그 열정이 왜 있는지 정체도 알아야 한다. 사랑이 아닌 심취, 상처의 방어기재나 탈출방법, 미성숙의 잘못된 해결이 아닌지 살펴봐야 한다. 상대의 본질이 아닌 상대를 물건처럼 이용하는 것이거나 상대가 아닌 자신을 위해 이용하는 것은 아닌지 살펴봐야 한다.

⑧ 연애 속에 화해와 용서가 있는가? 황홀만 있었다면 아직은 판단을 미루는 것이 좋다.

⑨ 연애 속에 하나님의 뜻을 찾는 노력과 기도가 포함되어 있어야 한다.

⑩ 연애 내용이 영혼육의 3영역이 골고루 만족 되고 다양하며 고루 만족하는지 살펴야 한다.

8위: 같은 공동체에서 연애할 때 좋은 방법

1. 같은 공동체 안에서 연애 대상자를 정하는 것은 좋은 일이다.

다만 사귀는 장소가 공동체가 모이는 장소에서는 안 된다. 교회나 선교단체 내에서 사귀는 티를 내지 말라는 것이다. 사귀는 곳은 반드시 공동체 장소가 아닌 바깥 장소이어야 한다. 전체가 하나 되는 것이 교회이며 또한 선교단체이다. 전체의 하나됨을 방해하게 되고 공동체의 질서를 지키지 않거나 덕을 끼치지 않는 것은 좋지 않다. 둘이 연애하는 자체는 좋은 것이나 공동체를 나누게 하는 하고 분위기를 어렵게 하는 것은 사단의 유혹에 넘어갈 빌미를 제공한다.

2. 공동체 안에서의 연애에서도 질서가 필요하다. 하나님은 질서의 하나님이시기 때문이다.

① 최소한 지도 목회자 한 분에게는 상의하며 허락을 받아야 한다. 그것이 여러 가지로 유익하다.

(공동체도 연애하는 당사자도 유익하다.)

② 연애하다가 헤어지면 10대나 20대는 모두 최소한 사귄 기간의 1/2 이상은 홀로 지내고 다른 사람을 사귀지 말아야 한다. 왜냐하면…

첫째는, 떠난 사람을 존중하는 것이기 때문이다.

둘째는, 다음 만날 사람을 존중하기 위해서이다.

셋째는, 자신의 미숙함을 성숙함으로 극복하는 시간을 가져야 하기 때문이다.

(홀로 연단되어야 하는 것을 감당하기 위해서이다.)

넷째는, 공동체의 덕을 위해서도 그 기간이 필요하기 때문이다.

(다만 30세에서 35세의 나이는 사귄 기간의 1/5 이상만 홀로 지내도 된다.

36세 이상은 최소 한 달만 홀로 지내도 될 것이다.)

③ 약혼일이나 결혼일이 잡힐 때까지는 전체에게나 소속 공동체에서 오픈해서는 안 된다.

(자연스럽게 소수가 아는 것은 어쩔 수 없다.)

기타 질문(9~21위)

9위 배우자 선택 기준은?

10위 결혼 안 하고 싶은데 독신의 은사가 아닐까?

11위 언제 연애하면 좋은가?

12위 배우자 위한 기도 방법은?

13위 중독(폰, 관계, 일, 종교, 성…)에서 벗어나는 방법은?

14위 결혼은 하더라도 자녀는 낳고 싶지 않은데…

15위 언제 결혼하면 좋은가?

16위 부모가 반대하는 연애와 결혼은?

17위 잘 헤어지는 방법은?

18위 결혼이나 연애를 빨리 하려면?

19위 좋지 않은 부모님과의 관계를 해결하는 방법은?

20위 상처를 잘 극복하려면? 낮은 자존감을 높이려면?

21위 은사나 비전을 찾는 방법은?

[미혼] 연애 성숙도 - 해피가정사역연구소(서상복 소장)

	연애 성숙함	항상	대체로	자주	때로	때에 따라 다름	때로	자주	대체로	항상	연애 미성숙함
		매우 많이	좀 많이	약간	조금	모름	조금	약간	좀 많이	매우 많이	
		5점	4점	3점	2점	1점	2점	3점	4점	5점	
1	언약적 결혼을 이해함										언약적 결혼을 이해 못함
2	남녀의 차이를 이해함										남녀의 차이를 이해 못함
3	삶의 목적이 분명										삶의 목적을 모름
4	목적에 맞는 계획이 잘 수립되어 있음										목적에 맞는 계획 수립되지 않음
5	재능(은사)을 20개 이상 찾음	10개 이상	8개 이상	5개 이상	4개 이상	3개 이상	2개	1개		0개	재능(은사)을 못 찾음
6	재능을 10개 이상 잘 계발하고 발전시킴	5개 이상	4개 이상	3개 이상	2개	1개	0개				재능을 계발하거나 발전시키지 않음
7	부모님과 화목, 용서, 용납, 존경의 관계										부모님을 존경하지 않는 관계
8	공동체 (교회, 청년, 써클 여러 친구 등)에 선한 영향력을 끼치며 활동함										공동체 (교회, 청년, 써클 여러 친구 등) 활동을 못함
9	나는 매우 행복										나는 매우 불행
10	상대를 행복하게 해 줘야지										상대를 만나 내가 행복해야지
11	독립성										의존성
12	책임감 수용										책임감 부정
13	다른 사람을 존중										버릇 없는 행동
14	'말/이상'이 '행동/행위'와 일치										위선적, 보이기식 행동
15	잠재력과 인내심										격한 분노의 표출, 통제할 수 없는 행동
16	희생 정신과 겸손으로 봉사										이기적 행동, 자만심
17	자기를 용납하고 자신의 능력에 대한 현실적 통찰										자신에 대한 과대평가 과소평가, 자기 경멸
18	융통성과 적응력이 있음										경직되고, 융통성 없음
19	솔직, 성실 신뢰할 만함										속이려 하는 믿을 수 없는 행동
20	한결같고 목표 지향적 행동과 끈기										실수투성이의 행동
합계		성숙도: ______________ 점 합계할 때 미성숙도 점수는 모두 0점으로 계산하고, 미성숙도 항목별 체크는 미성숙의 구체적 상황을 확인하기 위해 실시함									

〈표 6〉 연애 성숙도(미혼)

[기혼] 결혼 성숙도 - 해피가정사역연구소(서상복 소장)

	결혼 생활 **성숙함**	항상	대체로	자주	때로	때에 따라 다름	때로	자주	대체로	항상	결혼 생활 **미성숙함**
		매우 많이	좀 많이	약간	조금	모름	조금	약간	좀 많이	매우 많이	
		5점	4점	3점	2점	1점	2점	3점	4점	5점	
1	언약적 결혼을 이해함										언약적 결혼을 이해 못함
2	남녀의 차이를 이해함										남녀의 차이를 이해 못함
3	삶의 목적이 분명										삶의 목적을 모름
4	목적에 맞는 계획이 잘 수립되어 있음										목적에 맞는 계획 수립되지 않음
5	재능(은사)을 20개 이상 찾음	10개 이상	8개 이상	5개 이상	4개 이상	3개 이상	2개	1개		0개	재능(은사)을 못 찾음
6	재능을 10개 이상 잘 계발하고 발전시킴	5개 이상	4개 이상	3개 이상	2개	1개	0개				재능을 계발하거나 발전시키지 않음
7	부모님과 화목, 용서, 용납, 존경의 관계										부모님을 존경하지 않는 관계
8	공동체에 (교회, 청년, 고등부, 써클 여러 친구 등) 선한 영향력을 끼치며 활동함										공동체 (교회, 청년, 고등부, 써클 여러 친구 등) 활동을 못함
9	나는 매우 행복										나는 매우 불행
10	배우자를 행복하게 해 줘야지										배우자를 통해 내가 행복해야지
11	독립성										의존성
12	책임감 수용										책임감 부정
13	다른 사람을 존중										버릇없는 행동
14	'말/이상'이 '행동/행위'와 일치										위선적, 보이기식 행동
15	잠재력과 인내심										격한 분노의 표출, 통제할 수 없는 행동
16	희생 정신과 겸손으로 봉사										이기적 행동, 자만심
17	자녀 양육에서 아버지, 어머니의 역할을 성경적으로 알고, 잘 실천함										자녀 양육에서 아버지, 어머니의 역할을 성격적으로 모르고, 실천하지 못함
18	융통성과 적응력이 있음										경직되고, 융통성 없음
19	솔직, 성실 신뢰할 만함										속이려 하는 믿을 수 없는 행동
20	부부의 성을 서로 대화하며 잘 누림										부부의 성을 대화하지 못하고, 누리지 못함
합계		**성숙도: ____________ 점** 합계할 때 미성숙도 점수는 모두 0점으로 계산하고, 미성숙도 항목별 체크는 미성숙의 구체적 상황을 확인하기 위해 실시함									

〈표 7〉 결혼 성숙도(기혼)

맺으면서

1. 머무는 위험 4가지

머무는 삶이 연애와 결혼도 망친다.

다윗이 우리아의 아내 밧세바를 범하는 사건의 원인은 그대로 머무는 잘못이었다.

1) 언약적 결혼을 실천하지 않는 것은 위험하다

다윗은 처첩을 많이 거느렸다. (삼상 25:43; 삼하 2:2; 삼하 5:13; 삼하 11:1; 대상 14:3)

2) 게으름과 사명 없는 삶은 위험하다

그대로 머무는 것은 이미 망친 것이다.

머무는 삶은 사명이 없거나 사명을 알아도 준비하며 살지 못하는 것이다.

구르는 돌은 이끼가 끼지 않는다.

> [삼하 11:1하] 다윗은 예루살렘에 그대로 있더라
> [삼하 11:2상] 저녁 때에 다윗이 그의 침상에서 일어나

3) 잘못된 불안 극복은 위험하다

건강한 스트레스 해소 방법이 부족했다.

> [삼하 11:2 하] 왕궁 옥상 거닐다가 그곳에서 보니 한 여인이 목욕을 하는데 심히 아름다워 보이는지라

4) 죄의 강한 영향력과 가속도를 가볍게 여김은 위험하다

하나님 나라도 그렇지만, 죄도 일단 시작하면 그 영향력과 가속도를 멈출 수가 없다.

점점 더 강해진다.

[삼하 11:3-27] 다윗은 사람 보내 알아 보고, 전령을 보내어 여자를 자기에게 데려오고 … 더불어 동침 … 우리아를 강제로 전쟁터에서 죽게 … 첩으로 취함

2. 성경적인 메타 인지를 소유하라[17]

연애, 결혼, 성, 삶에 대한 세상 가치관을 버리고 성경적인 세계관으로 통합하자.

많은 사람이 선택하거나 하고 있다고 옳은 것은 아니다. 행복한 것도 아니다.

세상의 풍속을 좇은 삶(삼손)을 기억하자(삿 13:24-14:4; 14:10).

"나를 위하여 그(블레셋) 여자를 데려오소서"(삼 14:3)

[롬 12:2] 너희는 이 세대를 본받지 말고 오직 마음을 새롭게 함으로 변화를 받아 하나님의 선하시고 기뻐하시고 온전하신 뜻이 무엇인지 분별하도록 하라.

17 — 서상복, 『결혼 플랫폼』(서울: 글과 길, 2023), 33-71.

정리와 나눔

1. 데이트(연애)에 대한 생각 중 잘못된 것을 새롭게 깨달은 것을 적어 보고 한두 개 나누어 보자.

2. 연애 성숙도(기혼자는 결혼 성숙도)를 각자 체크해 보자. 종합 점수에 대한 자기 평가와 개별적 문항에 부족한 것을 정리해 보고 개선 계획을 적은 다음 일부분을 나누어 보자.

3. 앞으로의 결심이나 계획한 것을 구체적으로 적어 보고 한두 개 나누어 보자.
(기혼자는 연애 내용을 부부에 맞게 응용 및 적용하여 자신의 부부의 데이트에 대하여 더 노력할 것과 고쳐야 할 것을 나누어 보자. 진정한 연인은 부부이다. 아가서는 부부의 연애 이야기이다. 예수가 신랑 되고 교회가 신부 되어 사는 하나님 나라 연애 이야기이다.)

부부의 역할과 남여 차이

아내들이여 자기 남편에게 복종하기를 주께 하듯 하라 엡 5:22

이는 남편이 아내 머리 됨이 그리스도께서 교회의 머리 됨과 같음이니 그가 친히 몸의 구주시니라 엡 5:23

그러나 교회가 그리스도에게 하듯 아내들도 범사에 그 남편에게 복종할지니라 엡 5:24

Ⅰ. 아내의 역할과 책임

1. 순종하고 복종하라

[벧전 3:5] 전에 하나님께 소망을 두었던 거룩한 부녀들도 이와 같이 자기 남편에게 순종함으로 자기를 단장하였나니
[벧전 3:6] 사라가 아브라함을 주라 칭하여 순종한 것 같이 너희는 선을 행하고 아무 두려운 일에도 놀라지 아니하면 그의 딸이 된 것이니라

1) 잘못된 복종의 개념: 강한 자에게 약한 자가 하는 행위, 굴욕, 부정적 이미지

2) 바른 복종: υποτασσω – Hupotasso(후포타소): 안배 아래에 머물다

2. 존경하라

남편을 주신 분이 하나님이시기에 사라가 아브라함을 '주'라 칭하였다(벧전 3:5–6).

1) 남편을 인정하고 알아주라

2) 남편을 자주 칭찬하라

3. 사랑하라

> [딛 2:5] 신중하며 순전하며 집안일을 하며 선하며 자기 남편에게 복종하게 하라 이는 하나님의 말씀이 비방을 받지 않게 하려 함이라
> [딛 2:4] 저들로 젊은 여자들을 교훈하되 그 남편과 자녀를 사랑하며

4. 남편을 세워 주라 (돕는 배필 > 바라는 배필)

> [창 2:20] 아담이 모든 육축과 공중의 새와 들의 모든 짐승에게 이름을 주니라 아담이 돕는 배필(에제르 크네그도)이 없으므로

5. 가정을 최우선으로 생각하라

> [잠 31:27] 그 집안 일을 보살피고 게을리 얻은 양식을 먹지 아니하나니

6. 남편을 돕는 좋은 아내 20가지 솔루션

잘하고 있거나 실천하겠다고 결심하는 문항에 표시를 해 보자.

좋은 아내 20가지 솔루션

그렇게 하겠다. ⇨ ○　　대체로 노력 해 보겠다. ⇨ □　　글쎄 ⇨ △　　그렇게는 못 하겠다. ⇨ ×

① 가정을 안전하고 휴식이 가능하고 편안한 곳으로 만들라. (　　)

② 남편을 있는 모습 그대로 인정하고 수용하라. 칭찬을 찾아서 구체적으로 자주 하라. (　　)

③ 남편의 단점이나 실수를 수용하라. (　　)

④ 남편과 이야기하며 의논하라. 늘 남편이 최종 결정을 내리도록 하라. (　　)

⑤ 아내로서의 위치와 역할, 환경에 만족하라. (빌4:6-13; 히 13:5, 16) (　　)

⑥ 꼭 필요한 경우에는 사랑스럽고 예의 바른 태도로써 남편에게 의견을 제시하고 명령보다 청유형으로 부드럽게 충고하라. (　　)

⑦ 자신을 아름답게 가꾸어라. 물론 속사람은 더욱 아름답게 가꾸어라(벧전 3:3-5). (　　)

⑧ 늘 성령 충만하며 영적인 생활을 부지런히 하며 남편과 자녀를 위해 늘 기도하라. (　　)

⑨ 자녀 양육에 남편과 협조하고 자녀가 아버지께 충성과 존경과 경외심을 갖게 하라. (　　)

⑩ 남편에게 늘 여러 가지 방법(창조적이고 기존 개념을 깨는)으로 감사하라. (　　)

⑪ 남편의 출퇴근시 기분을 좋게 하라. 이렇게 할 때 남편은 존경받고 있다고 느낀다. (　　)

⑫ 남편의 자리를 잘 정돈하라. 남편의 자리가 어지럽혀 있어도 묵인하고 치워 주라. (　　)

⑬ 남편의 고충을 이해하고 편을 들어 주라. 남편은 자기편을 들어 줄 사람을 찾아 매일 아내가 기다리는 가정을 찾아온다는 것을 잊지 말라. (　　)

⑭ 남편과의 성관계를 피하지 말고 정기적으로 만족이 되게 하라. (　　)

⑮ 남편이 좋아하는 음식을 자주 하라. (　　)

⑯ 남편 보기에 아름답도록 신혼 시절의 매력과 외모를 유지하도록 노력하라. (　　)

⑰ 남편에게 짜증스러운 목소리, 높은 목소리로 바가지를 긁는 듯한 잔소리를 하지 말라. (　　)

⑱ 남편을 아이들 앞에서 높여 주고 칭찬해 주라. (　　)

⑲ 자녀 교육과 가정 생활에 대한 양서를 읽고 가정 생활에 적용하라. (　　)

⑳ 시댁 부모와 형제에게 잘 대하고 다른 사람 앞에서 더욱 칭찬의 말을 자주 하라. (　　)

- 모든 문항이 ○가 될 때까지 ○가 아닌 표시를 한 문항마다 개선 방법을 가지고 노력하자.
- 특히 ×, △가 체크 된 것은 매주 다시 체크하자.
- 문항마다 3가지 이상 개선 방법을 계획해서 노력하자.
- 개선 방법이 잘 모르겠으면, 배우자와 협의하거나 전문 상담가에게 물어서라도 실천하자.

7. 예수 안에서 남편을 존경하는 여자가 누리는 자유

1) 출산의 고통에서 힘을 얻는다.

하나님께서 자녀를 양육하신다.

2) 남자의 다스림과 남자를 사모함에서 자유를 누린다.

[사마리아 여인] 예수님의 사모함과 사명으로 온전한 행복을 누린다.

3) 영생을 얻고 이미 오늘 하나님 나라를 풍성하게 누린다.

세상이 주지 못하는 평안(샬롬)이 이루어진다.

상처와 열등감, 불안, 죽음과 저주, 심판의 문제가 해결된다.

II. 남편의 역할과 책임

[엡 5:22] 그리스도를 경외함으로 피차 복종하라
[엡 5:25] 남편들아 아내 사랑하기를 그리스도께서 교회를 사랑하시고 위하여 자신을 주심 같이 하라
[엡 5:28] 이와 같이 남편들도 자기 아내 사랑하기를 제 몸같이 할지니 자기 아내를 사랑하는 자는 자기를 사랑하는 것이라
[벧전 3:7] 남편 된 자들아 이와 같이 지식을 따라 너희 아내와 동거하고 저는 더 연약한 그릇이요 또 생명의 은혜를 유업으로 함께 받을 자로 알아 귀히 여기라 이는 너희 기도가 막히지 아니하게 하려 함이라

1. 남편은 아내와 자녀를 지도하는 자 (남편은 머리 역할, 아내는 목의 역할)

1) 먼저 종이 되는 사람. 아내의 요구를 먼저 채워 주는 것(마 20:20-28)

2) 그리스도가 교회의 머리이신 것처럼 남편도 아내의 머리가 되어야 함(엡 5:23)

① 가정에서 도덕성을 인정받아야 한다.

② 영적으로 하나님의 뜻을 이루는 남편은 아내를 섬긴다.

③ 진정으로 수준 높은 행복은 상대를 섬기는 것이다.

④ 남자의 이기심과 자존심과 고집을 아내를 위해 죽여야 바른 자기 희생이고 사랑이다.

⑤ 하기 싫은 일은 남편이 먼저 하는 것이 좋다. 남편은 넓은 아량, 좋은 성품이 있어야 한다.

2. 아내를 '귀하게' 대하라 (벧전 3:7; 엡 5:25, 28, 33)

✔ 돕는 배필 〉 바라는 배필

3. 아내를 사랑하라

24개의 항목을 잘 실천하기로 하며 가능한 것에 체크를 하라.

좋은 남편 24가지 솔루션

그렇게 하겠다. ⇨ ○ 대체로 노력 해 보겠다. ⇨ □ 글쎄 ⇨ △ 그렇게는 못 하겠다. ⇨ ×

① 사랑과 칭찬과 감사의 말을 하라.
"그의 자식들은 일어나 감사하며 그의 남편은 칭찬하기를"(잠 31:28) (　　)

② 아내의 욕구를 충족시키라. (　　)

③ 아내를 보호하라. 육체를 보호하라. 감당하기 힘든 분량을 막는 것이다. 돕는 것이다. (　　)

④ 아내의 집안일들이나 맡겨진 책임을 감당할 수 있도록 도와주라. (　　)

⑤ 아내를 위해 헌신하라. 집안일을 함께 하라, 결론이 없어도 끝까지 이야기를 잘 들어 주라(공감). (　　)

⑥ 아내와 삶을 나누어라. (　　)

⑦ 아내를 다른 사람, 다른 여자와 좋지 않게 비교하지 말라. (　　)

⑧ 예수님을 제외하고는 아내가 인생에서 가장 소중하다(최우선의 관계 혁신). (　　)

⑨ 아내에게 충분히 부드러움과 존경하는 마음으로 예의 바르게 대하라. (　　)

⑩ 창조적이고 진취적인 사랑을 하라. ( )

⑪ 아내의 말을 다그치지 말고 자상하게 끝까지 들어 주라.
결론을 말하라고 다그치지 말고 끝까지 잘 들어 주라. ( )

⑫ 가족 사이의 갈등을 잘 조정하라. '난 완전히 당신 편'이라는 것을 확인시켜 주라.
특히 시어머니보다도 확실하게 사랑과 인정을 받고 있다고 느끼게 하라.
(아내는 남편이 자기편이라는 확신이 있으면 자연히 시댁 식구들에게 잘하게 마련이다.) ( )

⑬ 수시로 말이나 신체적인 접촉으로 애정을 표현하라. ( )

⑭ 다른 여성의 매력을 아내와 비교하지 말라. ( )

⑮ 남편 허락 없이 마음대로 쓸 돈을 아내에게 따로 주라. ( )

⑯ 아내의 연약함과 살림살이의 고충을 알아 주고 적극 도우라. ( )

⑰ 아내의 생일과 결혼 기념일에는 아내가 좋아하는 선물을 반드시 해 주라. ( )

⑱ 아이들에게 관심을 갖고 함께 놀아 주라. 좋은 아버지가 되라. ( )

⑲ 성관계 시에는 일방적이지 않고 아내에게 매너 있게 대하며 만족을 주라. ( )

⑳ 쉬는 날에는 아내에게 시간을 할애하라.
아내에게 사랑하고 있음에 대한 표현(선물 등)을 다양하게 하라. ( )

㉑ 남 앞에서 아내를 모욕하는 말이나 태도는 하지 말라. ( )

㉒ 친정을 늘 걱정함을 헤아려 아내 친정 가족 모두에게 잘해 주라.
(돈, 선물, 자주 방문함, 안부 전화, 따스하게 대하기. 아내의 걱정을 잘 수용하라.) ( )

㉓ 아내의 건강을 정기적으로 확인하고 정기 검진을 받게 해 주며, 아플 때 잘 챙겨 주라. ( )

㉔ 아내의 자기 발견에 관심을 보이며 적극 지지하고 도와주라. ( )

4. 가정을 돌보고 지키며 온전케 하는 사명이 남자에게 있다

1) 남편은 가정의 지붕이다.

리드하고 책임져야지 아내에게 모든 것을 맡기는 것은 게으름과 방관이다.

2) 가정을 더 잘 돌보고 온전하게 하기 위한 나만의 실천 방법을 5가지 이상 적어보자.

5. 예수 안에서 아내를 귀하게 대하는 남자가 누리는 자유

① 일과 돈보다 큰 남자가 된다.

땀 흘려 일하는 고통에서 어느 정도 자유하거나 초월하게 된다.

생명을 아끼지 않는 사명을 감당한다.

땅에서 엉겅퀴를 내는 것 ⇒ 60배, 100배의 열매를 거두며 성취감을 온전히 만족한다.

② 복의 통로가 된다. 선한 영향력을 끼친다. 하나님 나라를 흘려보낸다.

③ 땅이 저주받는 것을 해결한다. 자연과 문화를 잘 다스린다.

④ 영생을 얻고 이미 오늘 하나님 나라를 풍성하게 누린다.

세상이 주지 못하는 평안(샬롬)이 이루어진다.

상처와 열등감, 불안, 죽음과 저주, 심판의 문제가 해결된다.

Ⅲ. 남자와 여자, 그 신비한 차이

남자와 여자의 차이는 다른 것이지 우열이 있는 것이 아니다. 이해하면 더욱 풍성해지고, 이해하지 못하면 갈등과 괴로움이 생겨 관계에 어려움을 겪게 된다.

[엡 5:31-33] 그러나, 너희도 각각 자기의 아내 사랑하기를 자신 같이 하고 아내도 자기 남편을 존경하라
[창 3:16] 또 여자에게 이르시되 내가 네게 임신하는 고통을 크게 더하리니 네가 수고하고 자식을 낳을 것이며 너는 남편을 원[사모] 하고 남편은 너를 다스릴 것이니라
[창 2:15] 그 사람을 이끌어 에덴 동산에 두어 그 것을 경작하며 지키게 하시고
[창 2:19] … 아담이 각 생물을 부르는 것이 곧 그 이름이 되었더라
[창 3:17] … 너는 네 평생에 수고하여야 그 소산을 먹으리라
[창 3:18-19] 땅이 네게 가시덤불과 엉겅퀴를 낼 것이라…얼굴에 땀을 흘려야 먹을 것을 먹으리니…흙으로 돌아갈 것이니라
[벧전 3:7] 남편들아, 이와 같이 지식을 따라… 귀히 여기라…

1. 남자는 아담의 후손, 여자는 하와의 후손

남자: 아담의 후손 - “에덴을 관리하라. 땀 흘려 일하라.”

여자: 하와의 후손 - “남자를 사모하라. 자녀 출산과 양육이 중요하다.”

① 아내들아 복종하라. 남편들아 귀히 여기라.

② 남녀 정신 질환의 차이

③ 남녀 스트레스의 차이

④ 남녀 행복 조건과 추구 차이

2. 남자와 여자의 핵심 차이

남자	
성취감 achieving	**목표, 해결, 성공 지향적** 일 중심, 인정과 칭찬, 영향력, 직선 사고, 한 가지 집중

여자	
소속감 belonging	**관계 중심, 필요와 감성 지향적** 과정 중시, 귀히 여김받음 · 이해받음 · 존중받음 · 잘 들어 줌이 중요함, 울고 웃음, 언어가 풍부하고 많음, 나선형 사고

① 화장실: 남자는 볼일을 보는 곳에 혼자 가는 것을, 여자는 같이 가는 것을 좋아한다.

② 휴가나 여행: 여자는 떠나면서부터 휴가, 남자는 그곳에 도착해야 휴가

③ 쇼핑: 남자는 사냥식, 여자는 함께 쇼핑하는 것이 목적

④ 대화: 여자는 상의하자고 물어보면, 남자는 주로 해결 위주.

남자는 사실과 정보 전달이 이야기의 목적, 여자는 감정 교류와 교제함이 목적

3. 스트레스 해소의 차이

① 남자는 굴 속으로 들어감

② 여자는 도리어 밖으로 나와 대화

4. 사고와 행동의 차이

① 남자: 논리적, 분석적, 객관적
여자: 감성적, 직관적, 주관적

② 남자: 한 가지 집착
여자: 동시에 여러 가지

③ 남자: 옳은 것이 중요
여자: 감정이 중요

④ 남자: 많은 데이터와 서론 · 본론 · 결론으로 대화나 일 추진
여자: 보면서 바로 안다. 직관력, 2배 넓은 시야, 멀티 기능, 감성의 발달

⑤ 지도를 보는 차이
남자: 선
여자: 색

5. 대화에서 남녀 차이

① 남성: 개념적이어서 전체적으로 간략히 말한다. 공적이고 정보적이다. 해결 중심적이다.

② 여성: 자주 확인하고 싶어 하고 세부적이다. 자세하게 알고 싶어 한다.
관계 중심적이고 공감과 이해를 중요하게 여기기 때문이다. 사석에서 더 대화가 많다.
감정 및 관계 언어가 더 많다.

6. 육체에서 남녀 차이

1) 남성

① 상체가 짧고 하체가 길다. 피에 적혈구가 더 많다. 근육이 발달했다.

② 시야 90도, 좌뇌 중심

③ 뇌량이 20–30% 더 적다. (멀티 기능이 잘 안 된다. 한 가지에 오래 잘 집중한다.)

2) 여성

① 하체가 짧고 상체가 길다(임신).

② 피에 적혈구가 더 적다.

③ 피부가 더 부드럽다.

④ 월경에 더 예민, 산후 우울감, 갑상선 질환이 더 많다.

⑤ 시야 180도, 우뇌 중심

⑥ 뇌량이 20–30% 더 많다.

(멀티 활동, 즉 여러 가지를 동시에 잘함, 정보를 종합하고 처리하는 속도가 빠르다.)

7. 성적인 남녀 차이

남자	
성취감 + 남성 호르몬 10배 + 남성 뇌의 특징	① 욕구 빈도가 여자의 7–8배, 최대 20배 ② 시각, 후각에 민감한 것이 강점과 약점이다. ③ 감정보다는 육체적 관계가 우선한다. 감성과 대화는 그 뒤를 따른다. 성적 쾌감이 중요하다. ④ 97%가 성적 흥분이 있어야 한다. ⑤ 존경과 인정을 느끼면 몸이 더 열린다. 성적 만족이 정서 · 심리적 친밀감과 일치하며, 우선할 때도 많다. 성적 거절은 존재 자체의 거절로 여기기도 한다.

여자	
소속감 + 여성 호르몬 10배 + 여성 뇌의 특징	① 욕구 빈도가 남자의 1/7–1/8배, 최대 1/20배, 7%는 여자가 더 강하기도 하다. ② 청각, 촉각, 분위기에 민감하지만 그것이 약점도 된다. ③ 감성적, 정서적 관계가 우선한다. 육체적 욕구는 그 뒤를 따른다. ④ 50–70%가 성적 흥분이 크게 없이 성관계를 한다. 소속감과 친밀감이 성욕보다 더 중요하다. ⑤ 소속감이나 마음과 정서가 열리고 만족해야 몸이 열린다. 깊은 친밀이 없는 성적 요구는 성적 학대로 느낀다.

8. 결혼 후 서로 다른 욕구

미국에 1,000명 부부에게 조사, 필자가 조사한 한국 내용을 보충함

남편 욕구 5가지	아내 욕구 5가지
① 성적 만족을 주는 아내	① 이해, 귀하게(한국)/애정 표현하는 남편(미국)
② 인정, 알아 주는(한국)/여가를 상대해 주는 아내(미국)	② 말 상대를 해 주는 남편
③ 깨끗하고 매력 있는 아내	③ 정직하고 투명하게 마음을 나누는 남편
④ 내조, 집안일 잘하는 아내	④ 경제적 필요, 공급하는 남편
⑤ 칭찬해 주는 아내	⑤ 자녀에게 관심 갖는 남편

Ⅳ. 임신, 출산, 태교 바로 알기

1. 행복한 임신의 출발 태교

① 남자의 태교는 최소한 3개월에서 6개월 전부터 시작한다.

② 여자의 태교는 결혼 전부터 해야 한다.

2. 태교의 중요성 (시 139; 잠 22:6)

① 지능의 65–85%가 태내에서 형성된다.

② 성격과 대인 관계의 근간이 되는 기질도 태내에서 형성된다.

3. 태교 어떻게 해야 할까?

① 남편의 태교

② 아내의 태교

③ 부부가 함께하는 태교

④ 태교 지수(TQ)를 높이는 방법

4. 낙태, 무엇이 문제인가?

① 왜 낙태하는가?

② 낙태가 미치는 영향

5. 바른 출산에 대한 이해

① 가정 출산이 가장 많은 나라는 핀란드이다. 삶의 질이 1위인 나라임에도 가정 출산이 50%다.

② 유도분만도 촉진제 – 자폐 30% 더 많음, 진통 주기를 자연 그대로 받아야 함.

③ 진통제 맞은 사람: 몸에 세포가 마약을 기억해 50%가 마약에 중독됨.

④ 모유 수유의 좋은 점을 바르게 알아야 함.

- 신생아 입장: 면역력 강화, 엄마와 애착 만족, 소속 친밀감, 자존감 높음, 성장이 잘됨, 자아상 밝음, 회복 탄력 생김, 집중력 높아짐, 자기만족 지연 능력이 좋아짐
- 산모 입장: 유방암 예방, 정시 교감 공부, 건강 회복, 다이어트

6. 행복하고 비폭력적인 출산 환경 – 비폭력 출산, 프라이버시를 지키는 가장 편안한 출산

① 행복한 출산을 위한 방법 1: 분만실 분만의 문제점 개선

② 행복한 출산을 위한 방법 2: 태아를 최대한 배려하는 분만

- 자연 분만 - 르봐이예 분만법, 수중 분만, 그네 분만
- 자연(주의) 출산[18] - 라마즈 분만법, 아로마 분만법, 가족 분만법, 가정 출산

③ 행복한 출산을 위한 방법 3: 분만할 때 아버지의 참여

④ 행복한 출산을 위한 방법 4: 아빠가 탯줄 자르기

7. 행복을 파괴하는 제왕 절개

1) 제왕 절개가 늘어나는 이유

① 산모들의 문제

② 의사/병원 측의 문제

2) 제왕 절개를 해야 하는 경우

① 아두 골반 불균형: 아기의 머리가 임산부의 골반보다 커서 산도를 통과하지 못할 때

② 35세 이상의 노 초산모: 35세 이상의 경우는 산도의 신축성이 좋지 않아 제왕 절개를 할 가능성이 많아진다. 지금은 의술이 좋아 45세까지 자연 출산이나 자연 분만을 하는 경우도 많긴 하다.

③ 중증 임신 중독증: 임신 중독이 심할 경우 제왕 절개를 하는 경우가 많다. 그러나 일본에서는 웬만한 임신 중독증의 경우도 자연 분만을 시도하고 있다.

④ 양수의 이상: 출산 12시간 이전에 양수가 터져 아기의 감염이 우려되는 때나, 출산 전에 양수가 터져 탯줄이 밖으로 나온 때

⑤ 태아를 밀어내는 자궁의 힘이 약할 때

⑥ 병의 감염 우려: 성병으로 자궁 경부나 질에 균이 있을 때

⑦ 산모의 이상: 산모가 당뇨, 심장병, 고혈압 등으로 자연 분만이 어려울 때

⑧ 산모의 혈액형이 RH(–)형인 경우

⑨ 태반의 이상: 전치 태반이나 태반 조기 박리증 등의 경우

---

18 — ○ 서울: 메디플라워 여성의원, 연앤네이처, 순천향병원, 수원 시온여성병원, 강북구의 햇빛병원과 강북구산부인과, 강북삼성병원, 일산의 동원산부인과의원, ○ 대전: 미래여성병원, 미즈제일여성병원, 속초: 중앙산부인과의원, ○ 대구: 성모여성병원 ○ 부산: 좋은문화병원, 한우리조산원, 미즈웰산부인과, 메디우먼(해운대), 화명일신기독병원, 정관일신기독병원…. ○ 마산: 평화열린조산원, 김해: 프라임여성병원, ○ 제주: 김순선조산원, 연세모아병원….

⑩ 태아의 이상: 태아의 위치가 거꾸로 있는 경우나 너무 큰 거대아의 경우. 또는 건강에 심각한 문제가 있거나 자연 분만을 시도할 수 없는 머리 기형의 경우

⑪ 태아 곤란증: 태아가 자궁 안에서 매우 힘들어하는 경우

⑫ 자연 분만 도중 수술하는 경우: 분만 시간이 너무 길어지거나, 파수 후 24시간 이상이 지났을 때. 또는 탯줄에 이상이 있거나 자궁 파열 위험이 있을 경우. 그리고 태아가 가사(假死) 상태일 경우

3) 제왕 절개에 대한 잘못된 오해

① 제왕 절개 분만을 하면 덜 아프다?

② 제왕 절개가 부부 관계에 좋다?

③ 산후 회복이 빠르다?

④ 가장 안전한 분만법이다?

⑤ 한 번 하면 계속 해야 한다?

⑥ 제왕 절개는 무조건 나쁘다?

4) 제왕 절개의 후유증

(1) 산모에게 미치는 영향

제왕 절개 수술은 조기 출산, 손상, 호흡 곤란 외에도 수술에 따른 감염, 혈액 손실, 전신 마취에 따른 폐렴 등 여러 가지 후유증을 불러일으킬 수 있다.

① 높은 산모 사망률: 1만 명 당 1명인 정상 분만보다 2,500명당 1명으로 4배나 더 높다.

② 더 긴 입원 기간: 정상 분만의 2.8일보다 5일 정도가 더 긴 평균 7.4일을 병원에 더 있어야 한다.

③ 더 많은 비용 부담: 정상 분만의 31만 원보다 거의 3배나 되는 84만 원 수준이다.

④ 산후풍: 산후에 생기는 여러 가지 잡병들을 산후풍이라고 한다. 허리나 무릎 등의 관절 부위 통증, 팔이나 다리 벌림, 어깨 결림, 심한 피로감, 식욕 부진, 무기력감 등의 이유가 주로 제왕 절개나 인공 유산의 후유증임이 밝혀진 바 있다.

⑤ 합병증: 흡인성 폐렴, 기관지 경련, 저혈압 등 마취 합병증으로 인한 후유증은 물론 감염 출혈 요도 외상들을 유발할 수 있다. 이 합병증율은 정상 분만보다 2배나 높다.

⑥ 산모의 건강회복과 모유 수유를 막는 주 요인이 된다.

⑦ 산모의 정신적인 측면에서도 부정적 반응이 나타난다.

⑧ 성 만족도가 낮을 수도 있다.

⑨ 산모에게 수는 불안감: 물론 수술 그 자체에 대한 불안감은 태아에게도 영향을 미치게 되며, 정상 분만

의 실패에 대한 우울, 신생아의 상태에 대한 불안, 분만 후 몸의 상태가 정상이지 못한 관계로 아기를 제대로 돌보지 못함에 따른 불안, 지연되는 치료와 경제적 부담으로 인한 문제, 수술로 인한 통증 등의 문제로 산모에게 많은 부정적 감정을 가져다준다.

(2) 아기에게 미치는 영향

① 관계의 문제

제왕 절개를 통해 태어나는 아이들이 성장 후 공격성이 훨씬 높다. 또 엄마에 대한 배신감을 갖는 경향이 더 있다. 친근감도 정상 분만보다 훨씬 떨어진다. 그것은 엄마의 배에 칼이 대어질 때 뱃속의 아기가 느끼는 감정, 그리고 출산 외상 등이 더해진 결과일 것이다.

② 소아 천식 위험

제왕 절개나 겸자 분만으로 태어난 아기들이 소아 천식에 걸릴 확률이 훨씬 높다고 한다.

③ 제왕 절개 증후군

정상 분만으로 태어난 아기들보다 제왕 절개를 통해 태어난 아기들이 훨씬 약하다는 통계가 있다. 아마도 좁은 산도를 나올 때의 피부 맛사지나 기관지 청소 등이 생략된 이유일 것이다. 이러한 이유로 폐액에 문제가 생길 수도 있다. 이로 인해 호흡 곤란의 이유가 되기도 한다.

④ 체력의 문제

제왕 절개를 통해 태어난 아기들이 울음소리도 약하고 체액 중의 단백질이나 칼슘이 부족해지기 쉽다고 한다. 더불어 허약한 아이로 자랄 가능성이 더 많아진다는 연구 결과가 있다.

⑤ 조현증의 원인이 되는 경우도 있다.

⑥ 부모와의 애착 결핍증

태어나자마자 엄마와의 접촉이 완전히 생략된 채 신생아실로 가게 되어 가지게 되는 결과이다.

9. 낙태 후유증

병원은 당장의 출혈이나 염증 정도만 이야기해 주는 경우가 많다. 나중에 일어날 수 있는 후유증을 이야기해 주지 않아 많은 문제가 발생한다. (※ 추부길 “행복한 임신 행복한 가정” 한국가정사역연구소, 구성애 아우성 참고)

1) 자연 유산

자궁 경관 무력증으로 이후 임신했을 때 자연 유산이 될 수 있다. 세 번 이상 연속해서 자연 유산이 되었을 경우, 이를 습관성 유산이라 한다.

2) 자궁 천공

가장 심한 것은 수술을 하면서 자궁에 구멍이 나는 것이다. 수술 방법 자체가 눈으로 보면서 하는 것이 아니기 때문에 위험성이 따른다.

3) 불임과 출혈

염증이 생겨 난관이 막힐 수 있고 자궁 유착이 일어나며 골반염도 가지게 될 수 있는데 이럴 경우 불임으로까지 이어질 수 있다. 낙태 수술을 많이 했을 경우, 출산 과정에서 아기가 나온 후 태반이 잘 나와야 하는데 태반이 자궁벽에 들러붙어 있어 잘 나오지 않아 출혈이 심할 수 있다.

4) 일반적 후유증

몸이 전신적으로 허약해지고, 심리적으로 자신을 비하하게 되어, 상처를 심하게 입고, 남성관과 애정관이 부정적으로 변하기도 한다.

5) 낙태 수술의 문제점과 위험성

① 임신을 하게 되면 자궁 경부가 굳게 닫힘 (이슬이 막아 줌)

② 낙태 수술 시 자궁 경부를 억지로 벌리고 기구를 넣어서 수술을 하다 보니 경관 무력증이 생길 수 있고 이 경관 무력증이 자연 유산을 유도함.

③ 자궁의 염증이 차면 나팔관까지 번져 골반염이 될 수도 있다.

④ 수술 후 자궁 외 임신 확률이 높아짐.

⑤ 낙태 수술은 직접 눈으로 보고 하는 것이 아니라 의사의 감으로 하기 때문에 자궁 천공이 일어날 수 있는 위험성이 있다.

⑥ 아이를 낳을 때 잔류 태반으로 인한 후유증이 나타나는 경우가 많다.

⑦ 후에 임신했을 때 의사에게 만이라도 낙태 수술 여부에 대해선 솔직히 말해야 한다.

정리와 나눔

1. 남편과 아내의 역할과 책임을 자기의 말로 간단하게 정리해서 적어 보자.
   한두 명만 다시 말해 보자.

2. 남편과 아내의 역할 및 책임을 성경적으로 바르게 고친 것을 적어 보고 나누어 보자.

3. 남자와 여자의 신비한 차이에서 깨달은 점과 결심한 것을 나누어 보자.
   각자 잘못 알고 있던 것이나 새롭게 깨달은 것을 나누어 보자.

4. 임신, 출산, 태교에서 새롭게 깨달은 것과 결심을 적어 보고 나누어 보자.

※ 기혼자도 1-4번을 하자.
그런 후 강의에서 들은 것과 부부 체크 리스트에서
현재 부부 역할에서 서로 수정하거나 고쳐야 할 것과 하지 말아야 할 것,
더 노력해야 할 것을 결심하고 나누어 보자.

성(性), 바르게 알기와 에고그램 해석

Ⅰ. 즐거움 그 이상의 성(性)
Ⅱ. 에고그램(Egogram) 해석 (자기와 타인에 대한 바른 이해)
Ⅲ. 연애와 결혼의 고민 해결 3 (질의 • 응답)

남편은 그 아내에게 대한 의무를 다하고 아내도 그 남편에게 그렇게 할지라 고전 7:3

아내가 자기 몸을 주장하지 못하고 오직 그 남편이 하며 남편도 이와 같이 자기 몸을 주장하지 못하고 오직 그 아내가 하나니 고전 7:4

서로 분방하지 말라 다만 기도할 틈을 얻기 위하여 합의상 얼마 동안은 하되 다시 합하라 이는 너희의 절제 못함을 인하여 사단으로 너희를 시험하지 못하게 하려 함이라 고전 7:5

그가 성벽일진대 우리는 은망대를 그 위에 세울 것이요 그가 문일진대 우리는 백향목 판자로 두르리라 아 8:9

Ⅰ. 즐거움 그 이상의 성(性)

1. 성은 아름답고 거룩하다

하나님이 아름다운 부부의 성을 창조하셨고, 남성과 여성을 다르게 창조하셨다(창 1:27).

① 전인격의 하나 됨 / 영혼육의 하나 됨, 교제, 섬김.

- 성의 4요소: 영혼, 생명 사랑, 쾌락

② 하나님과 우리의 하나 됨과 같은 의미 (부부에게만 한정)

- “야다/기노스코” – 영혼육의 교류
- 성생활은 부부의 온전한 연합을 통해 그리스도와 교회가 하나 되는 비밀 – 성령 충만(야다/기노스코)

③ 상처와 미성숙 / 성에 집착, 수취, 혐오, 성의 유익을 잘못된 방식으로 추구하게 한다.

④ 세속적인 성 가치관을 버려야 성을 수단으로 본다(쇼콰브).

⑤ 남녀의 성적 차이를 알고 배려해야 한다.

⑥ 인간은 인격적 결단으로 성욕을 조절하는 것이 짐승과 다르다.

⑦ 인간은 쾌락의 영속화를 추구한다.

⑧ 인간의 성 안에는 에로스적 · 아가페적 특징이 함께 내재되어 있다.

⑨ 아가페는 성관계를 완성시킨다.

2. 세속적인 성의 가치관을 버려야 한다

[롬 1:24] 그러므로 하나님께서 그들을 마음의 정욕대로 더러움에 내버려 두사 그들의 몸을 서로 욕되게 하게 하셨으니

성경적 성 가치관 상대중심적, 신비한 하나님의 선물	**세속적 성 가치관** 자기중심적, 성은 자기 만족, 쾌락이면 됨
영혼육의 하나 됨	자기 탐닉, 자기만 즐김, 상대를 수단시 함
영적 하나 됨, 성령 충만할수록 성을 즐김	생명을 경시, 성관계 자체가 목적
정서적 · 심리적 섬김과 헌신	육체의 쾌락적 요소가 성의 대부분의 목적
생명을 잉태 양육 번성, 다스림과 정복	혼전 혼외 성관계도 가능
건강한 육적인 즐거움과 쾌락	동성애도 쾌락을 만족시키면 가능

〈표 8〉 성경적 성과 세속적 성의 가치관 차이

성의 타락으로 인한 결과 (원죄 이후 성이 제일 먼저, 가장 마지막까지 타락)
① 성교가 쾌락의 수단, 대상이 됨
② 출산이 고통스럽게 됨
③ 일부다처제로 고통을 겪게 됨 (야곱, 다윗, 솔로몬, 삼손, 열왕, 한나의 번민)
④ 통합으로 가는 하나 됨, 성숙을 무너지게 하는 수단, 성에서 인격 배제, 쾌락이 우상이 됨

〈표 9〉 성의 타락의 결과

3. 성을 주신 하나님의 목적

① 다스리고 정복하라 – 생명 창조를 통한 종족 생산(출산) (창 1:27–28; 9:1; 시 127:3)

② 질병과 음란을 예방 (고전 7:1–2)

③ 하나 됨을 위한 목적 (창 2:24; 마 19:5; 막 10:8; 엡 5:31)

✔ '영혼 친밀성' ✔ '육체 연합' ✔ '관계 연합' ✔ '영적 연합' ✔ '하나 됨을 위한 배타성'

④ 삶의 풍성함, 즐거움 (신 24:5)

⑤ 치료 (삼하 12:24; 창 24:67)

⑥ 성생활은 유쾌한 활력 (잠 5:19)

⑦ 남편: 아내 몸을 즐길 자유가 있음 (아 7:1–9)

⑧ 아내: 남편 몸을 즐길 자유가 있음 (아 5:10–16)

⑨ 질병에 대한 저항력을 높임

⑩ 몸매 균형, 피부를 아름답게

⑪ 생리 주기 규칙적

⑫ 엔도르핀(endorphin) 생성 → 고통을 사라지게 함

⑬ 골다공증 예방

⑭ 스트레스 해소

⑮ 불면증이 치료

⑯ 감각 발달

⑰ 자신감이 높아짐

⑱ 창조력이 향상됨

⑲ 다이어트(200–800kcal)

⑳ 우울증 면역과 치료에 좋음

㉑ 심장병 예방

㉒ 여성 요실금 예방

4. 부부는 한 몸을 이루라

"주 안에서 부부의 성은 거룩, 신비롭고, 아름답고 더 즐겁다."

[창 2:24] 남자가 부모를 떠나 그 아내와 연합하여 한 몸을 이룰지로다

① 헬레니즘을 거부해야 한다.

② 부부의 성에 대한 어두운 가치관, 부정적, 세속적인 것을 버리고 성경적으로 전환하자.

③ 성경적인 부부의 밝은 성을 초등학교 3학년부터는 적극적으로 교육해야 한다.

④ 월경 축하, 밝게 대하기, 잔치와 축복하기. 초 1-2학년 때 월경과 성을 교육하라.

⑤ 고립된 성(자위행위)을 바로 알라.

⑥ 혼전 · 혼외 성은 지켜 줌이 사랑, 결혼한 부부의 성은 서로 소유함이 바른 사랑이다.

5. 11가지 중요한 성관계의 원리 (고전 7:1-6)

① 결혼 안에서 이루어지는 성관계는 거룩하며 선하다(히 13:4).

: "아담과 그의 아내 두 사람이 벌거벗었으나 부끄러워 아니하니라"(창 2:25).

② 성관계를 통해 맛보는 즐거움과 만족은 금지된 것이 아니다.

: 성에 대한 남자와 여자의 필요와 반응이 다르다는 점을 이해하라.

③ 인간의 성욕은 자신만을 위한 것이 아니라 배우자를 위한 것이기도 하다.

④ 성관계는 규칙적이고 계속적이어야 한다.

⑤ 서로에게 만족을 주어야 한다.

: 영적인 충만이 강해질수록 성의 신비스러움을 느끼는 정도도 깊어진다.

⑥ 성관계는 어떤 경우라도 '권리'를 내세워 흥정을 하는 것이 되어서는 안 된다.

⑦ 성관계는 서로 평등하며 서로 보답하는 것이다. 두 사람이 동의를 해야 한다.

⑧ 상대방이 원할 때는 특별한 경우(병, 기도 등)를 빼고는 언제 어디서나 응해야 한다.

⑨ 공적인 일을 빼고는 방이 남더라도, 싸웠더라도 분방하지 말라(고전 7:1-5).

⑩ 결혼 후 서로를 더 알 때까지 몇 개월 정도는 아기를 갖지 않는 것도 좋다.

⑪ 부부생활은 절대로 다른 이들에게 알려지지 않도록 하라.

6. 가족계획 및 출산

① 신혼여행 전에 서로 의논이 되어야 한다.

② 피임법

7. 성 욕구의 분포

없는 것 4%	보편 90%	과잉 6%

8. 순결관과 처녀막에 대한 바른 이해

약 1만 년 동안 처녀막의 유무로 순결성을 판단했다. 남이 세운 기준일 뿐이다. 처녀막의 유무로 순결성을 판결하는 것은 온전한 판단이 아니다. 처녀막이 있어도 감정과 생각, 정서에서 음란하거나 배우자에게 온전히 집중하지 않는다면 순결하지 않은 것이다.

비록 지난 날의 실수나 잘못이 있었더라도 예수님께 회개하고 다시는 반복하지 않으며 배우자에게 온전히 집중한다면 그녀는 처녀이며 순결한 여성이고, 그는 총각이며 순결한 남성이다. 누구든지 예수님께 회개하면 새 피조물이기 때문이다.

처녀막은 의학계, 과도한 운동, 과도한 스트레스, 나이가 많아짐 등의 여러 요인으로 성관계가 아닌 자연적으로도 50% 가까이 처녀막이 파괴된다고 한다.

배우자의 순결을 더 이상 처녀막의 유무로 따지지 말자. 남성도 순결이 필요하기 때문이다. 또한 지난 날 어떠했던지 예수님께 회개하고 다시는 반복하지 않으며 지금 배우자에게 전인격적으로 집중한다면, 하나님은 그 사람을 순결하며 새 피조물이라고 여기신다. 우리도 그리 해야 한다.

9. 성의 자유 의지 방향성과 차원으로의 분류

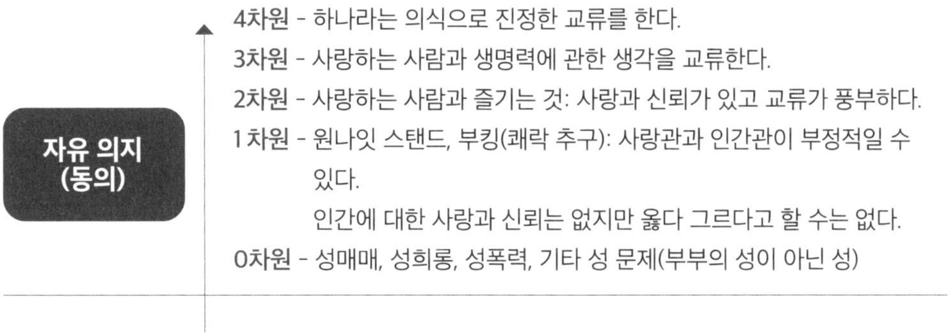

자유 의지
(동의)

4차원 - 하나라는 의식으로 진정한 교류를 한다.
3차원 - 사랑하는 사람과 생명력에 관한 생각을 교류한다.
2차원 - 사랑하는 사람과 즐기는 것: 사랑과 신뢰가 있고 교류가 풍부하다.
1차원 - 원나잇 스탠드, 부킹(쾌락 추구): 사랑관과 인간관이 부정적일 수 있다.
인간에 대한 사랑과 신뢰는 없지만 옳다 그르다고 할 수는 없다.
0차원 - 성매매, 성희롱, 성폭력, 기타 성 문제(부부의 성이 아닌 성)

〈표 10〉 성의 0.1.2.3.4차원으로 보는 조감도

10. 성에 대한 서양과 동양의 '두 관점'을 '성경적'으로 조명해 통합하자

1) 서양의 성, 성 욕구를 중시한 결과, 건강과 가정에 많은 문제 양산

① 서양 남자는 세다는 결론의 슈퍼맨 콤플렉스

② 여성의 성 왜곡 남성의 성욕이 강하다는 편견 속에서 수동적, 표현 억제

③ 욕구 중심의 성은 유아 성교육 또한 어렵게 함, 성폭력이 많은 원인

2) 동양의 성

① 세포 기억의 중요성, 임신 중 모체 관리

- 충분한 영양 섭취
- 정기적 검진
- 정신적 안정과 태교
- 흡연 및 음주 금지

② 옥스토신(oxytocin) 호르몬: 사랑의 호르몬

③ 엔도르핀(endorphin): 고통 완화, 기쁨

④ 성 에너지와 출산: 태시 → 태교 → 출산 → 출산 1시간

〈그림 8〉 출산 시 나오는 호르몬 상태

11. 성에 대한 잘못된 통념

① 만족스러운 성생활은 적절한 테크닉에 달려 있다.

② 만족스러운 성생활이란 몸매가 어떠냐의 문제다.

③ 만족스러운 성생활은 적절한 호르몬 작용에 의해 일어날 뿐이다.

④ 성관계는 자연스럽게 이루어져야 한다.

⑤ 상호 간의 오르가즘에 대한 통념

⑥ 성관계는 오락이다.

⑦ 성관계는 언제나 최고여야 한다.

12. 포경 수술 바르게 알기

'포경'의 의미는 남성이 20세가 되어서도 분리가 안 되고 여전히 포피와 귀두가 붙어 있는 상태를 말한다. 발기될 때 포피가 당겨져서 불편하고 통증을 느끼게 된다. 그래서 포피를 분리시켜 주는 시술이 '포경 수술'이다.

세계 보건 기구에 따르면 남성은 17세가 되어야 완전 퇴축이 가능해진다. 그러므로 17세가 되어야만 포경의 유무를 정확히 진단할 수 있다고 한다. 전 세계 남성의 99%는 저절로 수술 없

이 자연적으로 분리가 된다고 한다. 오직 1%만이 20세가 되어도 분리가 안 될 때 포경 수술을 하라고 권한다. 따라서 일본은 1%만 포경수술을 한다. 노르웨이도 1%만 한다. 그런데 한국만 매우 많이 하고 있다.

13. 피임법 바르게 알기

배란일 계산법: 다음 생리 시작 예정일에서 '-19일' 부터 '-11일'

II. 에고그램(Egogram) 해석(자기와 타인에 대한 바른 이해)

[기혼] 성인 에고그램(Egogram)[19] 테스트

다음의 질문에 대해 답해 보자. 1 표시는 질문에 45~55% 정도의 보통일 경우에만 표시하길 바란다.

예 (대체로) ⇨ **2** 아니오 (대체로) ⇨ **0** 이것도 저것도 아닌, 보통이다 ⇨ **1**

1. 아내(남편)나 아이, 부하 등이 잘못하면 즉시 나무라는 편입니까? ( )
2. 규칙을 지키는 데 엄격한 편입니까? ( )
3. 요즘 세상은 아이들을 버릇없이 기른다고 생각합니까? ( )
4. 예의범절에 대하여 까다로운 편입니까? ( )
5. 다른 사람의 말을 막고 자신의 생각을 주장하는 편입니까? ( )
6. 자신이 책임감이 강한 사람이라고 생각합니까? ( )
7. 작은 부정 · 불의에 대해서도 우물쭈물 넘기는 것이 싫습니까? ( )

19 — 에고그램(Egogram), 교류분석(TA: Transactional Analysis)이론의 창시자인 Eric Berne(1910-1970)의 동료이자 제자인 John M. Dusay(1972)가 창안. 개인의 언어와 음성, 태도, 표정, 자세, 몸짓과 행동 등은 다섯 가지 자아의 기능(CP: Critical Parent, NP: Nurturing Parent, A: Adult, FC: Free Child, AC: Adapted Child)에 따라 달리 나타난다. 이를 분류하여 발생 빈도와 에너지의 표출을 막대그래프로 표시하여 개인의 성격(Personality)을 알아내는 것. 자신과 타인의 성격을 알고 이해하면서 특히 대화를 하거나 상대를 배려하는 데 유용하다.

8. “못 쓰겠어”, “이건 아닌데”, “해야 한다”라는 말을 잘 사용하는 편입니까? ( )

9. 옳고 그른 것을 확실하게 해 두어야 마음이 편한 편입니까? ( )

10. 때로는 아이를 스파르타식(강하고 엄격하게)으로 훈련할 필요가 있다고 생각합니까? ( )

1–10번 합계 CP ( )

11. 사람이 길을 물을 때 친절하게 가르쳐 줍니까? ( )

12. 부탁을 받으면 대체로 받아들이는 편입니까? ( )

13. 친구나 가족에게 무언가 사주기를 좋아합니까? ( )

14. 아이를 곧잘 칭찬하거나 쓰다듬어 주기를 좋아합니까? ( )

15. 사람을 돌보아 주기를 좋아하는 편입니까? ( )

16. 다른 사람의 결점보다는 장점을 보는 편입니까? ( )

17. 다른 사람이 행복하게 되는 것을 기뻐합니까? ( )

18. 아이나 아내(남편) 혹은 부하의 실패에 관대한 편입니까? ( )

19. 남의 처지를 헤아려 주는 편이라고 생각합니까? ( )

20. 경제적 여유가 있다면 길에 버려진 아이를 데리고 와서 기르고(돕고) 싶습니까? ( )

11–20번 합계 NP ( )

21. 감정적이기보다는 이성적인 편입니까? ( )

22. 무엇이나 정보를 수집해서 냉정하게 판단하는 편입니까? ( )

23. 시간을 잘 활용하고 있는 편입니까? ( )

24. 일을 능률적으로 솜씨 있게 잘 처리해 가는 편입니까? ( )

25. 여러 가지 책을 잘 읽는 편입니까? ( )

26. 어떤 사물에 대하여 그 결과까지 예측하고 행동에 옮기는 편입니까? ( )

27. 무엇을 할 때 자신의 이해득실에 대해 많이 생각하는 편입니까? ( )

28. 누군가를 비난하기에 앞서 사정을 잘 조사해 보는 편입니까? ( )

29. 몸의 상태가 좋지 않을 때 자중하여 불의를 피하는 편입니까? ( )

30. 무언가 분명하지 않은 것이 있으면 다른 사람과 상담하여 처리하는 편입니까? ( )

21–30번 합계 A ( )

31. 기쁠 때나 슬플 때 얼굴이나 동작에 곧바로 나타나는 편입니까? ( )

32. 다른 사람 앞에서 노래(춤, 장기자랑, 유머 등)하기를 좋아하는 편입니까? ( )

33. 말하고 싶은 것이 있으면 사양하지 않고 말하는 편입니까? ( )
34. 아이들이 떠들거나 장난치는 것을 내버려 두는 편입니까? ( )
35. 원래 제멋대로인 면(개성)이 강한 편입니까? ( )
36. 호기심이 강한 편입니까? ( )
37. 아이들과 흥에 겨워 자주 노는 편입니까? ( )
38. 만화책이나 주간지를 읽고 즐거워합니까? ( )
39. "와아", "굉장하다", "멋지다" 등의 감탄사를 곧잘 사용합니까? ( )
40. 놀이나 여행의 분위기에 즐겁게 어울릴 수 있습니까? ( )

31-40번 합계 FC ( )

41. 조바심이 있고 소극적인 편입니까? ( )
42. 생각한 것을 말하지 않고 나중에 후회한 적이 자주 있습니까? ( )
43. 무리를 해서라도 남에게 잘 보이려고 노력하는 편입니까? ( )
44. 열등감이 강한 편입니까? ( )
45. 좋은 사람이지만 언젠가 폭발할지 모른다고 생각합니까? ( )
46. 남의 얼굴색을 보고 행동하는 경우가 있습니까? ( )
47. 자신의 참된 생각보다 부모나 타인의 말에 영향을 더 받기 쉬운 편입니까? ( )
48. 남들이 나를 어떻게 볼까(평가할까)에 대해 무척 걱정하는 편입니까? ( )
49. 싫은 것을 싫다고 말하지 않고 억제하는 경우가 많은 편입니까? ( )
50. 속으로는 불만이지만 겉으로 보기에는 만족해하고 있는 것처럼 행동합니까? ( )

41-50번 합계 AC ( )

EGOGRAM SHEET

성명: ______________________ 성별: □남 □여

- 1–10번까지의 점수의 합을 아래 표의 'CP' 칸의 해당 점수란에 표시 (제일 왼쪽)
- 11–20번까지의 점수의 합을 아래 표의 'NP' 칸의 해당 점수란에 표시
- 21–30번까지의 점수의 합을 아래 표의 'A' 칸의 해당 점수란에 표시
- 31–40번까지의 점수의 합을 아래 표의 'FC' 칸의 해당 점수란에 표시
- 41–50번까지의 점수의 합을 아래 표의 'AC' 칸의 해당 점수란에 표시 (제일 오른쪽)

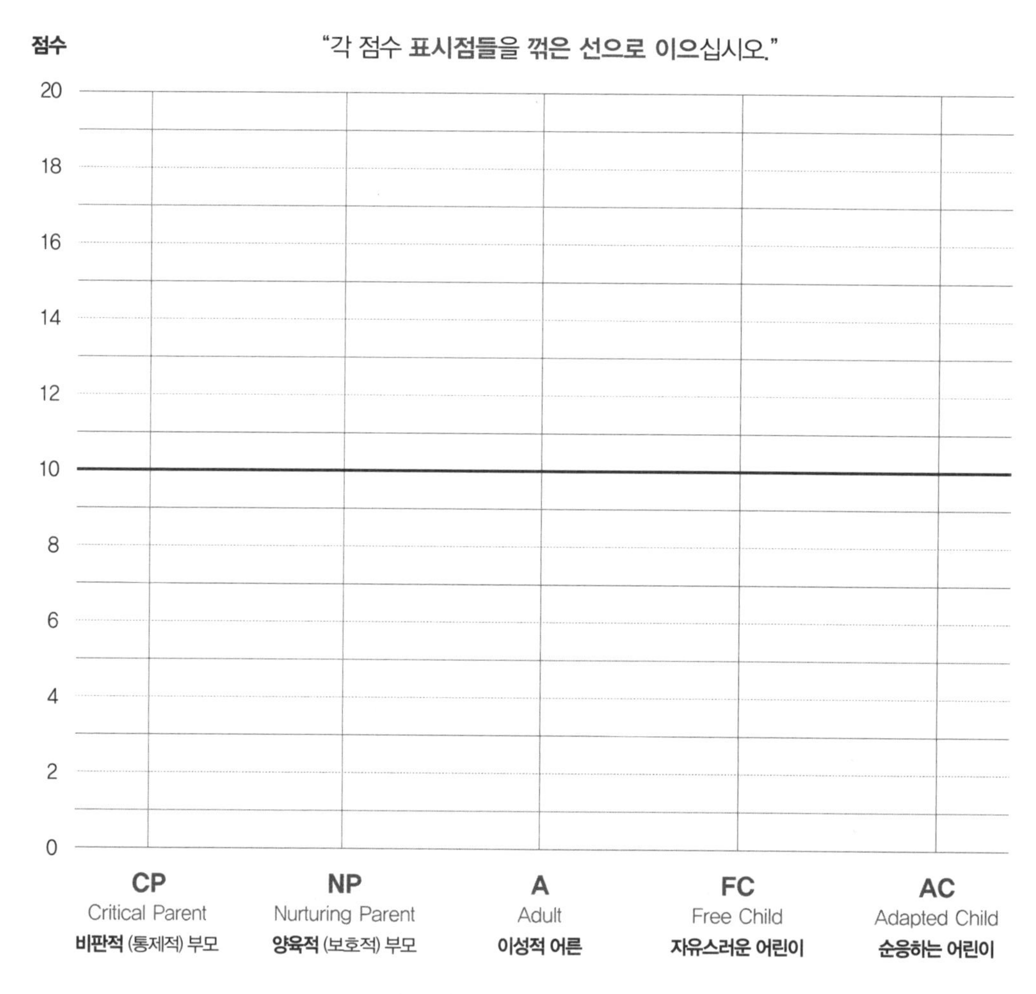

〈그림 9〉 기혼자의 에고그램 시트

[미혼] 에고그램(Egogram) 테스트

아래 질문마다 다섯 칸 중에 빈 칸 한 개에만 다음의 기준에 따라 해당이 되는 0, 1, 2 점수 중에 하나를 기록한다. 세로로 전부 더해서 제일 아래 칸에 적으면 된다.

언제나 그렇다(매우 긍정) ⇨ 2　　자주 그렇다(약간 긍정) ⇨ 2　　그저 그렇다(보통) ⇨ 1
대체로 그렇지 않다(약간 부정) ⇨ 0　　전혀 그렇지 않다(매우 부정) ⇨ 0

문항	질문	점수				
1	타산적이며 이익과 손해를 생각해서 행동하는 편이다.					
2	자유분방하게 행동하는 사람이라고 생각한다.					
3	이야기할 때 남의 말을 가로 막고 자기 생각을 말하는 일이 많다.					
4	생각하고 있는 바를 잘 나타내지 못하는 경향이 있다.					
5	다른 사람이 잘못했을 대 엄하게 비판하며 질타하는 편이다.					
6	다른 사람에 대해 동정심이나 배려심이 강하다.					
7	상대방의 좋은 점을 잘 알아 주고 칭찬을 자주 하는 편이다.					
8	대화 중에 감정적으로 대화하기보다 이성적으로 대화하는 경우가 많다.					
9	호기심과 충동심이 많은 편이다.					
10	인생관이나 인생의 좌우명을 갖고 있다.					
11	사람들로부터 좋은 인상, 호감을 받고 싶어 한다.					
12	의리나 인정에 끌려서 남이 부탁하면 거절을 못하는 편이다.					
13	양보심이 많으며 매사에 참는 편이다.					
14	사회의 규칙, 윤리, 도덕, 관습 등을 중요시한다.					
15	사물을 분석적, 객관적으로 깊게 생각한 뒤에 결정하는 편이다.					
16	법이 없어도 살아갈 수 있는 사람이라는 말을 자주 듣는다.					
17	아이들이나 남의 일을 돌보는 것을 좋아한다.					
18	자기 생각을 주장하기보다는 남의 생각에 따르는 경우가 많다.					
19	6하 원칙에 따라 사리를 따지거나 설명하는 편이다.					
20	이야기할 때 목소리가 크고 다부진 편이다.					
21	남의 의견에 대해서는 찬반 양쪽의 의견을 듣고 참고한다.					

22	즐겁거나 신이 나면 도가 지나쳐서 실수를 자주하는 편이다.					
23	규율이나 책임감을 타인에게 강하게 요구하는 편이다.					
24	다른 사람에 대해서 상냥한 말을 자주하는 편이다.					
25	남의 안색이나 말에 신경을 쓰는 편이다.					
26	괴롭거나 힘들 때 짜증을 내기보다 혼자 참는 편이다.					
27	"당연해", "해야 해", "하지 않으면 안 돼"라는 말을 자주 쓴다.					
28	자신의 생각을 거리낌 없이 말해 버리는 편이다.					
29	사소한 잘못이라도 흐지부지 지나치지 않는 편이다.					
30	생각하고 있는 것을 잘 말하지 않는 편이다.					
31	자기 감정을 표출하기보다 억누르는 편이다.					
32	원하는 것을 손에 넣지 않으면 못 견디는 편이다.					
33	무슨 일이든지 객관적인 사실에 입각하여 판단한다.					
34	"야!", "멋있다!", "와우!" 등과 같은 감탄사를 자주 쓴다.					
35	부모, 윗사람이 일을 시킬 때 불평하지 않고 시키는 대로 하는 편이다.					
36	여러 가지 책을 많이 읽는 편이다.					
37	농담을 잘하는 편이다.					
38	화나 짜증이 나는 일이 많은 편이다.					
39	"좋다", "나쁘다", "옳다", "그르다"를 분명히 말한다.					
40	앞으로의 일을 냉정하게 생각하고 행동한다.					
41	일을 능률적으로 잘 처리해 나간다.					
42	아이들이나 부하의 잘못에 대해 관대하다.					
43	상대방의 말에 귀를 기울이며 공감해 주는 편이다.					
44	아이들이나 부하는 엄격히 교육시킨다.					
45	감정이 격해지면 아무 말이나 막 한다.					
46	상대방이 나에게 무엇을 물으면 친절히 가르쳐 준다.					
47	감정이 풍부하고 눈물이 많은 편이다.					
48	친구나 가족들에게 무엇이든지 사 주는 것을 좋아한다.					
49	몸이 좋지 않을 때는 무리하지 않는다.					
50	어려움에 처해 있는 사람을 위로하고 자주 용기를 주는 편이다.					
소계 (세로 점수 합)						

EGOGRAM SHEET

성명: ______________________ 성별: □남 □여

- 첫째 칸의 점수의 합을 아래 표의 'CP' 칸의 해당 점수란에 표시 (제일 왼쪽)
- 둘째 칸까지의 점수의 합을 아래 표의 'NP' 칸의 해당 점수란에 표시
- 셋째 칸까지의 점수의 합을 아래 표의 'A' 칸의 해당 점수란에 표시
- 넷째 칸까지의 점수의 합을 아래 표의 'FC' 칸의 해당 점수란에 표시
- 다섯째 칸까지의 점수의 합을 아래 표의 'AC' 칸의 해당 점수란에 표시 (제일 오른쪽)

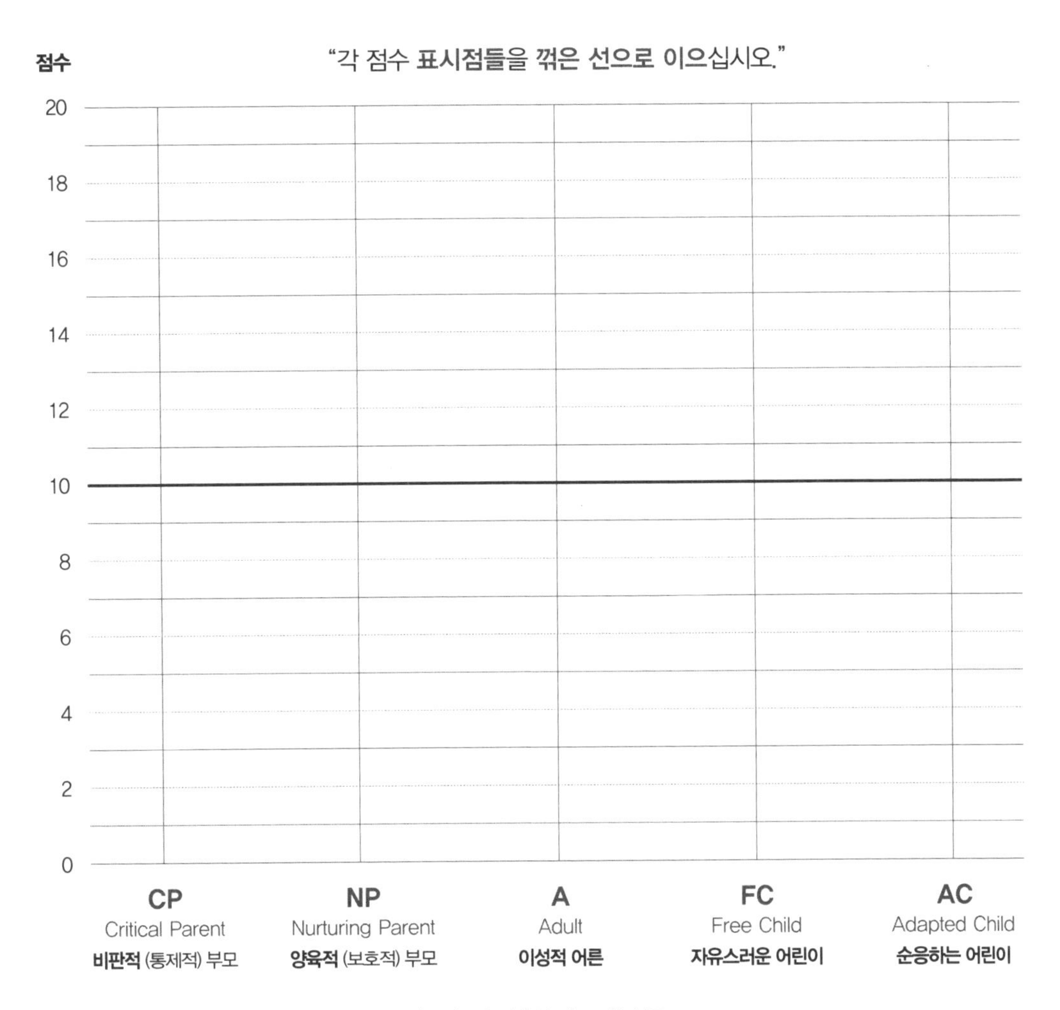

〈그림 10〉 미혼의 에고그램 시트

네 하나님 여호와께서 이 사십 년 동안 너로 광야의 길을 걷게 하신 것을 기억하라. 이는 너를 낮추시며 너를 시험하사 네 마음이 어떠한지 그 명령을 지키는지 아니 지키는지 알려 하심이라_신 8:2

순결 서약서

영적 순결

하나님보다 더 소중하게 여겼던 것들이 있다면 그 부분들을 과감히 하나님 앞에서 포기하자.

성적, 출세, 명예, 자존심, 돈, 사랑하는 사람, 평안함, 게으름, 건강 등 예배와 신앙생활을 방해하는 모든 것

이성 교제 순결

- 성관계와 지나친 스킨십
- 상대의 인격을 모독하는 모든 스킨십
- 공동체와 가정을 힘들게 하는 이성 교제

몸 순결

음란 잡지나 음란 비디오, 음란 사이트, 음란 채팅, 야한 게임들, 성인 영화, 고립된 성행위(자위행위)

말 순결

야한 농담, 욕이나 거친 말, 부정적인 말, 상처 주는 말, 비판하는 말, 비교하는 말

위의 4가지 영역의 온전한 순결을 서약합니다. **이름:** ____________________

하나님 한 분만을 사랑하며 섬기는 영적인 순결뿐만 아니라 세상의 풍조와 타협하지 아니하고 육체적인 순결을 지킬 것을 하나님과 양심 앞에 약속합니다.

20 . . .

서약자: ____________________ 서 명

보증인: ____________________ 서 명

정리와 나눔

1. 남자, 여자의 성에 관하여 새롭게 깨달은 것을 적어 보고 한 가지만 나누어 보자.

2. 성에 관하여 고쳐야 할 생각과 결단을 적어 보고 한두 개만 나누어 보자.

3. 기혼자는 부부의 현재 성생활의 수정 · 보완해야 할 것을 적고 나누어 보자.
   그리고 성에 관하여 서로 협의하고, 새롭게 한 약속과 실천을 말해 보자.

하나님 나라 대화법[20]

"통하는 하나님 나라 대화법" [소감 쓰고 올리거나 제출하기]

Ⅰ. 듣기(Hearing)와 경청하기(Listening)의 차이

[약 3:2] 우리가 다 실수가 많으니 만일 말에 실수가 없는 자라면 곧 온전한 사람이라 능히 온 몸도 굴레 씌우리라
[약 3:8] 혀는 능히 길들일 사람이 없나니 쉬지 아니하는 악이요 죽이는 독이 가득한 것이라
[잠 16:24] 선한 말은 꿀송이 같아서 마음에 달고 뼈에 양약이 되느니라
[잠 18:21] 죽고 사는 것이 혀의 힘에 달렸나니 혀를 쓰기 좋아하는 자는 혀의 열매를 먹으리라

20 — 정정숙·김충정, 『마음을 움직이는 10가지 대화 기술』 (안양: 물푸레, 2016). 이 책은 펜실베니아대학에서 대화 기술을 40년 연구한 결정판의 책이다. 본 내용은 이 책의 내용을 참고하여 필자가 60-70% 정도 더 보충한 것이다. 정정숙은 가정사역 단체 '패밀리 터치(Family Touch)'의 설립자, 원장, 가정 문제와 교육 전문가, Canada Christian College 뉴저지 분교의 교수, 위기 가정과 개인을 회복시키는 임상 상담가이다. 김충정은 '패밀리 터치'에서 부원장으로 재직하고. 시니어 삶의 활성화, 죽음 준비 학교, 자서전 쓰기 교실, 스케치 교실, 시니어 전문 사역가. '10가지 대화 기술' 교육을 정정숙 원장과 함께 수료하고 연구했다.

1. 듣기 (Hearing)

들리는 대로 자기 입장으로 듣는 것

① **필터링**[21](filtering)

대화한 사람은 하고 싶은 말을 제대로 다 한 것이 아니다. 들린 말로만 이해하면 필터링 되어 오해가 될 수 있다. 의도와 동기를 파악해야 한다. 듣는 내용도 듣는 사람의 상태에 따라, 이해 능력에 따라 필터링하면서 들어 더욱 오해할 수 있게 된다. 수시로 배우거나 확인하며 듣는 것이 필요하다.

② **남녀의 대화 차이**

남자는 해결하려고 대화하고, 여자는 이해와 공감을 받기 위해 대화한다.

남자는 정보를 나누려 대화하고, 여자는 친밀감을 위해 대화한다.

③ **관점의 차이**

- 상대방 관점인가 나의 관점인가, 대화에서 매우 소통인가 불통인가를 결정한다. 관심이나 관점의 차이, 세계관의 차이가 대화의 걸림이 된다. 상대방의 입장이나 상대방의 관점으로 대화를 해야 한다.
- 내가 상대방의 입장이 되어 보기 – 실습 상대는 벽을 보고, 나는 다른 시야를 보고 서로 이야기하기, 반대로 해 보기
- 나를 상대방과 동일시해 보기, 같은 입장으로 상상해 보기
- 내면에 일어나는 생각, 감정, 걱정, 바람 등에 특별히 더 주의를 기울이기
- 화가 더 심하게 난 쪽의 의견을 일단 먼저 다 들어주고 이해하자.
- 혼자 있고 싶어 할 때 약간 물러나거나, 혼자 원하는 곳에 다녀오게 하자.

2. 경청하기 (Listening)

① **말하는 이의 의도를 헤아리며 상대방의 입장에서 듣는 것**

② **말하고자 하는 의도나 다 표현하지 못한 것까지 헤아리는 것**

③ **body language(신체 표현)와 속마음도 헤아려 듣는 것**

---

21 — 커뮤니케이션의 대가 **노만 라이트**(Norman Wright)

메라비언의 법칙[22] (의사소통의 전체 수단)	말의 내용 – 7%
	청각적 요소(음성, 고저, 소리 색깔) – 38%
	시각적 언어(비언어, body language) – 55%

〈표 11〉 메라비언의 법칙

II. 잘 듣는 이해 기술 (Showing Understanding Skill)

[약 1:19] 내 사랑하는 형제들아, 너희가 알지니 사람마다 듣기는 속히 하고 말하기는 더디 하며 성내기도 더디하라

[잠언 18:13] 사연을 듣기 전에 대답하는 자는 미련하여 욕을 당하느니라

[잠 18:2] 미련한 자는 명철을 기뻐하지 아니하고 자기 의사 드러내기만 기뻐하느니라

[사 50:4] 주 여호와께서 학자의 혀를 내게 주사 나로 곤핍한 자를 말로 어떻게 도와 줄 주를 알게 하시고 아침마다 깨우치시되 나의 귀를 학자같이 알아듣게 하시도다

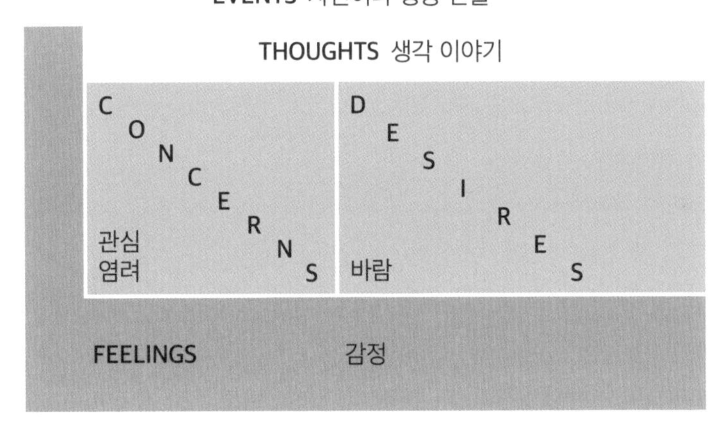

〈그림 11〉 대화 로드맵

22 — 캘리포니아 대학(UCIA)의 교수이자 명예 심리학자인 **앨버트 메라비언**(Albert Mehrabian)

1. 대화의 로드맵을 이해하기

① '관심', '염려', '바람' 부분이 대화에서 더욱 중요하게 많이 이야기하는 것을 좋은 대화라고 하는 것이다. 이것을 세로로 깊이가 더 깊고 넓이가 더 넓은 대화의 로드맵이 설명한다.

② 남성은 관심과 염려를, 여성은 바람을 조금 더 중요하게 여기는 성향이 있다.

③ 감정은 세로로 생각을 말하면서도 조금 나타난다. '관심', '염려', '바람'을 말하면서 매우 많이 묻어나고 표현된다.

④ 감정의 가로축 바닥까지 드러내어 듣고 말해야 이해하는 대화를 했다고 할 수 있다. '쓸쓸하다', '화난다', '외롭다', '지친다', '기쁘다', '보람이 된다', '허무하다', '슬프다', '불안하다', '걱정이 된다', '행복하다', '감동이다' 등의 속마음(감정)을 표현하고 이해하는 단계이다. 이것까지 가는 주고받는 대화가 좋은 대화이다.

⑤ 듣는 사람의 상태, 기대, 소망, 사랑이 오히려 말하는 사람의 바닥 감정을 듣고 애해하는 것을 더 막는 경우가 많다.

⑥ 사건, 행동, 생각은 짧게 말하고 관심과 염려, 바람, 소원, 느낌, 슬픔, 힘듦, 기쁨 등을 많이 대화하는 것이 핵심이다.

2. 이해하기 위해 깊은 관심을 보이는 자세로 듣기

1) 수용 대화(스펀지 대화, 공감 대화)로 하자. 벽이 되어서는 안 된다.

① ~구나, ~군요

② 요약하기

③ 확인하기

④ 공감 3가지 표현: 몸, 언어, 머리를 끄덕이는 행동 등

⑤ 확장과 깊이를 위한 질문하기

⑥ 끝까지 듣기 (중간에 꺼어들거나 가로막지 않기)

공감 언어	공감하는 상세 내용
그렇구나	그 얘기 좀 해 봐
어	듣고 싶은데
응	얘기 좀 더 해 봐
저런	그거 재미있는 생각이네
정말	얘기 좀 해 보자

공감 언어	공감하는 상세 내용
그렇군	네 생각을 듣고 싶어
그래?	너에게 아주 중요한 문제라는 생각이 들어
진짜?	계속 해 봐
그랬구나	그것에 대해 할 말이 있지?

〈표 12〉 공감 언어와 상세 내용

2) 온몸으로 듣자[23]

① 눈으로 들어라: 상대방의 눈을 바라보기
② 입으로 들어라: 추임새 넣기(저런, 그래 가지고, 계속해 봐, 세상에나, 힘들었구나, 아하…), 요약해 주기
③ 목으로 들어라: 고개를 수시로 끄덕끄덕하기
④ 등으로 들어라: 등을 약간 앞쪽으로 나아가기, 거리를 조금 당기기
⑤ 손으로 들어라: 하던 일을 멈추라. 상대방의 말에 손으로 반응하기
⑥ 발로 들어라: 발을 멈추고, 돌아다니는 것을 멈추고 바르게 앉아서 듣기

3. 이해하기 위해 상대방의 입장에서 듣자

내 입장으로 들으면 대부분 상대를 이해할 수 없다. 상대 입장으로 들으면 대부분 공감하게 되고 이해하게 된다. 해결되지 않아도, 최소한 듣는 사람이 상처는 받지 않는다.

4. 듣고 이해한 바를 바로 피드백해 주자

✔ 미러링(Mirring) ✔ 재진술(Restatement) ✔ 반영적 경청(Reflective Listening)

1) 요약하여 말하기

"지금까지 한 말은 (   ) 것이 맞나요?"
"(   ) 내용으로 제가 잘 들은 것인가요?"

2) 기능적 의사소통 (들어 주기)

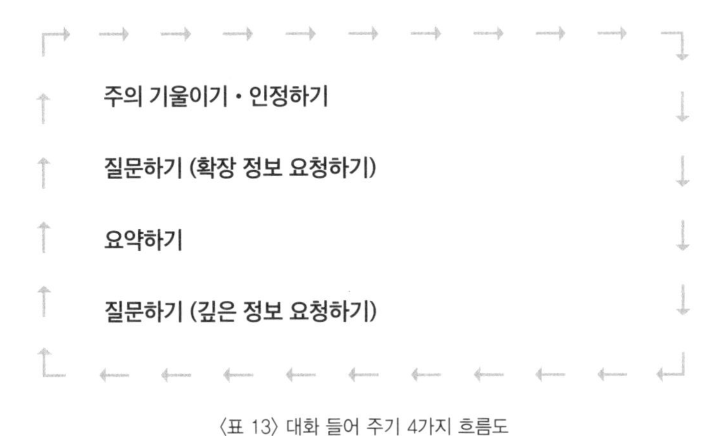

〈표 13〉 대화 들어 주기 4가지 흐름도

---

23 — 게리 채프먼, 『다섯 가지 사랑의 언어』 (서울: 생명의말씀사, 2010).

3) 공감(Listening)을 방해하는 것들

① 충고하기

② 분석/설명하기

③ 바로잡기 - 너도 잘못이 있는 것 같다.

④ 함부로 위로하기 - 살다 보면 그럴 수도 있지 뭐.

⑤ 내 얘기를 들려 주기 - … 나는 어떤지 알아….

⑥ 감정의 흐름을 중지/전환시킴 - 어쩔 수 없잖아./그만 잊어./자 놀러나 가자.

⑦ 동정/애처로워하기 - 정말 안됐네, 아이고 불쌍해라….

⑧ 조사하기/심문하기 - 왜... 하지 않았어?/그 전에도 무슨 일이 있었지?/그래서 너는 어떻게 했는데?

⑨ 평가/교육 - 니가 너무 소심하게 된다. 그럼 너만 손해잖아.

⑩ 동일시/동감 - 나 같으면 더 했다.

⑪ 동의하기/맞장구치기(편들어 주기)

⑫ 지적인 이해 - 그 사람이 그랬다면 너도 화가 날 만하겠다.
두려운 것은 아는데 그렇게까지 두려운 것은 아니지 않나?

⑬ 한 방에 딱 자르기 - 됐어! 그만해. 알았으니까 이제 내 말도 들어봐.
됐어. 그만해라. 별일도 아닌 것 가지고 왜 그러냐?

Ⅲ. 사랑을 담아 진실을 말하는 표현 기술

[약 1:19] 내 사랑하는 형제들아, 너희가 알지니 사람마다 듣기는 속히 하고 말하기는 더디 하며 성내기도 더디하라.
[엡 4:15, 25] 오직 사랑 안에서 참된 것을 하여 범사에 그에게까지 자랄지라. 그런즉, 거짓을 버리고 각각 그 이웃으로 더불어 참된 것을 말하라. 이는 우리가 서로 지체가 됨.
[암 3:3] 두 사람이 의합지 못하고서야 어찌 동행하겠느냐
[엡 4:29] 무릇 더러운 말은 너희 입 밖에도 내지 말고 오직 덕을 세우는데 소용되는 데로 선한 말을 하여 듣는 자들에게 은혜를 끼치게 하라
[전 12:25] 전도자가 힘써 아름다운 말을 구하였나니…

1. 황금 액자를 끼워서 대화하자

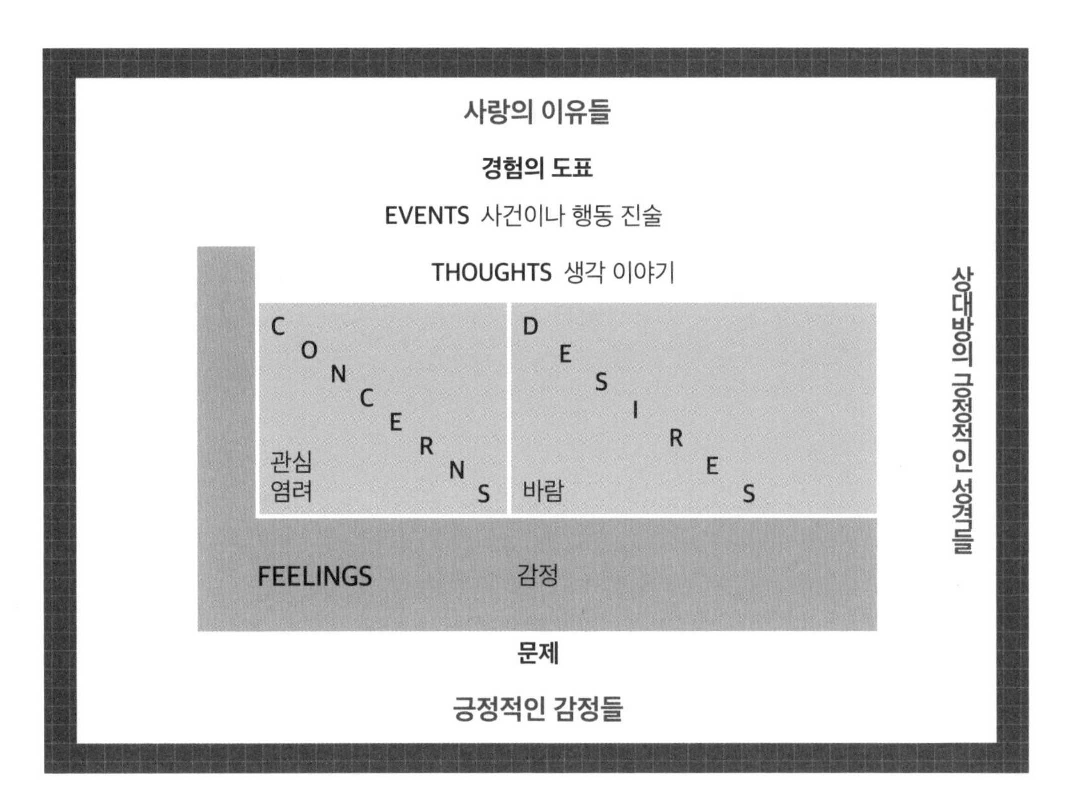

〈그림 12〉 황금 액자 대화(4:1 대화, 캡슐 대화)

2. 사랑 안에서 참된 말을 하라

[엡 4:15, 25] 오직 사랑 안에서 참된 것을 하여 범사에 그에게까지 자랄지라. 그런즉, 거짓을 버리고 각각 그 이웃으로 더불어 참된 것을 말하라. 이는 우리가 서로 지체가 됨이라.
[엡 4:29] 무릇 더러운 말은 너희 입 밖에도 내지 말고 오직 덕을 세우는데 소용되는 데로 선한 말을 하여 듣는 자들에게 은혜를 끼치게 하라.

"참된 것을 말하라"라는 말은 다른 사람 말을 전달할 때 사실 전달보다는 진실과 사랑을 전달해야 한다는 것이다.

① 사실(Fact) 전달 : 상대가 말한 의도나 상대를 사랑하는 의도로 말하지 않고, 있는 것만 말하는 것이다. 상처를 입게 되고 편을 가르며 오해를 만들게 된다.

② 진실(Truth) 전달 : 사랑을 가지고 정직하게 그의 의도에 맞게 전달하며 말하는 것이다. 사실에다가

'왜 그렇게 말했을까? 어떤 진의를 말하려고 한 것일까?'라는 것을 전달하는 것이다. 한 말보다 그 말을 한 진심과 동기를 전달하는 것이다. 그러면 오해도 없고 사이도 좋게 한다.

진실(Truth) = 정직(Honesty) + 사랑(Compassion)

ex) 고부 갈등에서 남편이 양쪽에 말을 전할 때

3. 대화하기 전에 먼저 생각하라

① 좋은 장소에서 대화하라

② 좋은 시간을 정하라. 내가 준비되었는가? 바쁘지는 않은가?
피곤하거나 아프지는 않은가? 상대방은 들을 준비가 되었는가?

③ 무슨 말을 할까?

④ 어떻게 잘 전달하며 표현할까? 바른 대화법이나 갈등 해결 대화로 배운 대화법으로 대화하려면 어떻게 하면 되는가? 속에서 나오는 대로 말하면 대화가 아니다.

⑤ 상대방은 이런 말을 했을 때 어떻게 생각하고 어떤 기분이 들까?

⑥ 대화 후에 얻고 싶은 결과는 무엇인가?

4. 즐겁고 좋았던 기억으로 대화를 시작하라

좋은 선입견을 갖게 하는 대화는 잘 수용하게 한다. 잘 공감하게 한다.

5. 일반적인 관점이나 올바른 관점이 아닌 자신의 관점을 말하라

① 대화의 사실(Fact) 전달 〈 상대방이 말한 내용보다 진실(Truth)을 전달

② "다 물어 봐라. 누가 옳은지…": 여러 명으로 집단 공격하는 비열하고 폭력적인 말이다.

③ "내가 보기에는…", "내 생각에는…", "제가 느끼기에는…"라고 말하는 것이 좋다.

④ I-message를 사용하라.

[I-message의 유익한 점 3가지]

- 비폭력적이면서 자신의 의도를 정확히 전달
- 상처를 주지 않고 자신의 의도를 전달 가능
- 인격을 건들지 않고 자기의 입장만 말하는 유익

⑤ 판단이 아닌 존중하는 단어를 사용하기

⑥ 나의 옳음을 위해 상대를 궁지에 몰지 말라.

단계	I-message를 사용 절차	
1단계	I feel…	그 행동이나 현상에 대한 자신의 생각과 느낌을 명확하게 전달하라. "화난다", "속이 상한다", "슬프다" 등.
2단계	When you…	실제로 드러난 행동이나 문제를 객관적으로 파악하여 표현하라. "네가 (　　　　) 행동을 해서", "당신이 (　　　　) 행동을 해서" 반드시 오늘(현재) 한 가지로 국한해서 말해야 한다. 과거의 것은 꺼내면 안 된다. 1단계보다 2단계를 먼저 해도 좋다.
3단계	Because…	이때 이유를 같이 설명하면 좋다. "왜냐하면 (　　　　)"
4단계	I would like you to…	자신의 원하는 행동을 구체적으로 이야기하라.

〈표 12〉 나-전달법 단계

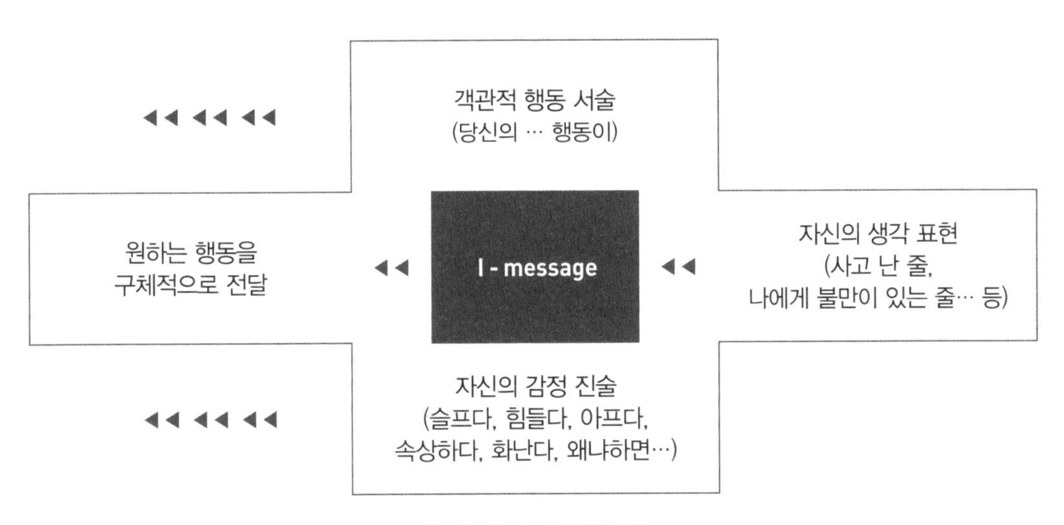

〈그림 13〉 나-전달법 흐름도

6. 자신에게 중요한 점과 자신의 감정에 대해서 이야기하라.

① 대화를 '급'으로 보면서 가슴과 영혼의 대화를 하라.

입술 대화	**6급**	상투적이고 습관적이며 무의미하게 던지는 나눔이 없는 대화 (엘리베이터 대화)

머리 대화	**5급**	사실만 이야기, 자기 의견이나 생각은 없이 객관적 정보나 지식만을 전달 (정보 대화)
	4급	객관적 사실에 생각이나 의견을 말함, 어느 정도 마음이 열려 있는 대화 (해석 대화)
가슴 대화	**3급**	생각만이 아니라 감정, 느낌, 좋아하는 것, 싫어하는 것, 기쁨, 슬픔, 꿈, 실패, 성공 등 인생과 삶의 모든 것을 나누는 대화
	2급	인격적 깊은 대화, 상대와 인간관계를 정립하는 대화, 중요 감정과 중요 생각을 나누는 대화
영혼 대화	**1급**	사랑을 드러내는 비언어적 대화, 감정과 존재적 사랑을 온몸으로 표현 (울고 웃기, 포옹, 터치, 같이 있어 주기, 따스한 눈빛, 미소 등) 영적인 대화, 주님과의 대화, 성령이 충만한 대화. 성령 충만하면 술 취한 사람처럼 1-2급 수준의 대화를 한다.

〈표 13〉 대화 '급'으로 보기

② 자신의 소중한 것, 자신의 감정을 이야기해야 그것이 대화의 마중물이 되어 상대방도 자신의 감정과 소중한 일을 자연스럽게 이야기하게 된다.

7. 화를 자극하는 표현을 피하라

① 인신공격을 피하라.

② 별명을 부르지 말라.

③ 욕을 하지 말라.

④ 지나간 이야기를 덧붙이지 말라.

⑤ 제3자, 상대 가족 등의 이야기를 결부하지 말라.

⑥ '항상', '결코', '늘', '절대', '맨날', '한 번도', 이런 말을 사용하지 말라.
인간관계에서 사용하지 못하는 말이다. 단, 긍정적이거나 좋은 이야기에는 사용할 수도 있다.
이런 말 대신에 '가끔은', '오늘은', '자주', '종종', '몇 번'이라고 해 보자. 지금 여기의 문제로 제한하자.

8. 당신이 원하는 바를 구체적으로 부탁하라

막연하게 말하지 말라. 간접적이거나 돌려 가며 말하지 말라. 원하는 것을 정확하고 구체적으로 말하라. 들은 쪽은 요약해서 잘 알아들었다고 확인을 해 주라. 사정이 있어 원하는 것을 못 들어주어도 그 마음이나 소원을 공감하고 이해해 주는 것을 먼저 하라.

원하는 말을 하기 전에 액자 대화로 상대의 존재감과 잘한 것을 2-4가지 먼저 말하라. 그런 후에 원하는 것을 말하라. 큰 소리나 냉소적인 표정으로 말하지 말고 온유한 표정과 말로 부드럽게 원하는 것을 말하라.

9. 감사를 자주 표현하라

감사는 자주 하고 불평이나 비난은 거의 하지 말라. 긍정 강화를 하여 좋은 것을 칭찬하고 인정하면 좋은 것이 4배 늘어난다. 반면 충고나 조언을 하는 부적 강화는 좋지 않은 것이 4배 늘어난다.

10. 삼각 대화법을 하라

둘이 다른 것을 같이 바라보며 대화하는 방법이 더 깊고 자연스러운 것을 말하게 한다. '자연을 보며', '여행을 하며', '산책을 하며', '관람을 하며', '영화를 보고 나서', '벤치에 앉아서', '공통의 관심사로' 나누는 대화가 삼각 대화법이다.

11. 좋은 질문으로 질문을 잘하라

부정 질문보다 긍정 질문을 하자. '왜' 등의 과거 질문보다 "앞으로 어떻게 하면 될까?"라고 질문하자. 패쇄질문보다 자기 의견을 다양하게 말하는 열린 질문을 하라. 창의적이고 다양한 방법의 질문을 하라. 상대의 대화를 더 끌어내는 횡적 질문과 종적 질문을 하라.

"어머니 이야기도 하셨는데 아버지 이야기도….", "어머니의 청년 때 이야기는 잘 들었습니다. 이제 당신의 어릴 적 어머니 이야기도 듣고 싶군요."

상대의 이야기를 잘 요약하고 맞게 알아들었는지 확인 질문을 하면 좋다.

"제가 …라고 알아 들었는데 맞게 들었나요?"

12. 칭찬을 잘하라. 칭찬의 중요한 이유를 제대로 하라

칭찬은 구체적으로 해야 하며, 찾아서 해야 하고, 매일 자주 해야 한다. 칭찬은 긍정 강화로 상대에게 자신감을 주고 더 적극적으로 잘하게 한다. 칭찬은 부정적인 행동을 저절로 줄여준다. 칭찬은 나-전달법으로 하는 것이 좋다. 인격을 말하는 칭찬은 해롭다.

13. 감정 계좌에 큰 원금을 많이 잘 넣어 두자

평소에 상대에게 자주 잘 섬기고 잘 대해 주어 상대의 마음에 원금이 많이 쌓이게 하라. 이자가 늘어 실수나 잘못에 관대하게 된다. 관계가 더 깊어짐은 당연하다.

14. 매력 있게 말하라

비폭력적인 대화로 나-전달법으로 대화하라. 상대의 말을 잘 공감하라. 말하기보다 잘 듣는 것을 먼저하라. 화를 낼 때는 나-전달법으로 목소리를 차분하게 해서 인격을 건들지 말고 부탁하는 방식으로 하라. 대화법에 관하여 배운 것을 잘 활용하라. 부사를 다양하게 많이 사용하라.

Ⅳ. 부드럽게 말하고 너그럽게 듣는 협의 기술

[잠 18:3] 사연을 듣기 전에 대답하는 자는 미련하여 욕을 당하느니라.
[엡 4:26, 27] 분을 내어도 죄를 짓지 말며 해가 지도록 분을 품지 말고 마귀로 틈타지…
[욥 19:2] 너희가 내 마음을 번뇌케 하며 말로 꺾기를 어느 때까지 하겠느냐
[잠 15:23] 사람은 그 입의 대답으로 말미암아 기쁨을 얻나니 때에 맞는 말이 얼마나 아름다운고
[잠 18:23] 가난한 자는 간절한 말로 구하여도 부자는 엄한 말로 대답하느니라.
[잠 20:5] 사람의 마음에 있는 모략은 깊은 물 같으니라. 그럴지라도 명철한 사람은 그것을 길어 내느니라.
[잠 15:2] 지혜 있는 자의 혀는 지식을 선히 베풀고 미련한 자의 입은 미련한 것을 쏟느니라.

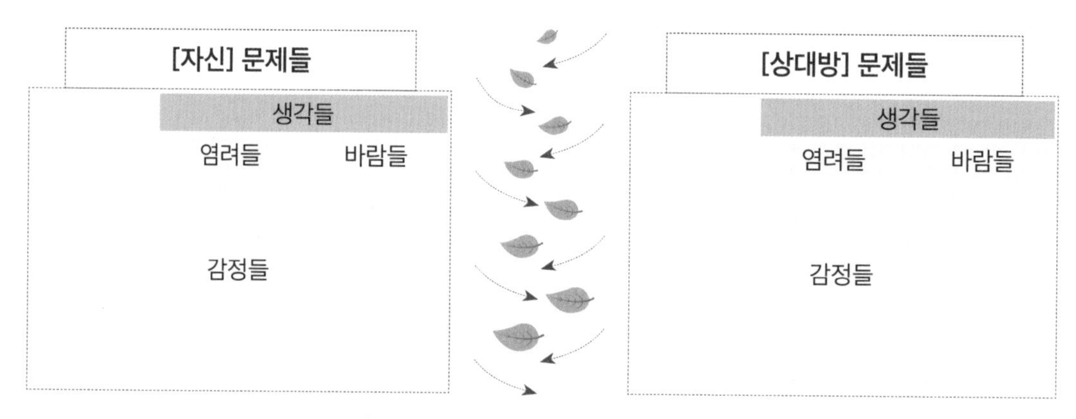

〈그림 14〉 낙엽 도표(Fallen Leaves) – 대화법

1. 낙엽 도표[24] 대화를 하라

대화 막대기[25](Talking Stick)를 주고받으며 말하라.

2. 토의와 토론의 차이

토의는 바람직한 방향으로 모색하는 과정이다. 내가 틀릴 수도 있다는 가정하에서 출발한다.
토론은 각자의 의견을 말하고 논의하는 것이다. 자신이 꼭 옳다는 전제하에서 이야기한다.

3. 인간관계의 기본 3원칙 – 데일 카네기

데일 카네기의『데일 카네기 인간관계론』에서 인간관계는 인간 행복의 가장 중요한 요소이다.
다음과 같은 인간관계를 위한 노력을 하라고 했다.

① 상대방을 비난, 비평, 불평하지 마라.
② 상대방에게 진심으로 솔직하고 진지하게 구체적으로 칭찬을 자주 하라
③ 상대방 입장에서 보라. 이해와 공감을 하라는 것이다.

"성공의 유일한 비결은 다른 사람의 생각을 이해하고 당신의 입장과 아울러
상대방의 입장에서 사물을 바라볼 줄 아는 능력이다." - 핸리포드 -

4. 인간관계를 잘 맺는 6가지 원칙 – 데일 카네기

1) 상대방에게 순수한 관심을 보이라.
2) 미소를 지어라. 자기 행복을 먼저 유지하라. 자기가 먼저 성숙하라. 상대에게 친절하라.
3) 상대방의 이름을 잘 기억하라. 늘 상대방에게 관심을 기울이라.
4) 상대방의 말을 잘 들어 주라. 끝까지 끊지 말고 들으라. 상대 말에 적극적으로 공감하고
   고개를 끄덕이며 말과 몸짓으로 리액션(Reaction) 하라.
   한 번씩 요약해 주어 잘 듣고 있음을 보여 주라.
5) 상대방의 관심사를 이야기하라. 소원, 힘듦, 슬픔, 감정, 기쁨 등을 알아야 한다.

---

24 — 낙엽 도표는 경험 모델을 만든 '데니스 스토이카'가 경험 모델 두 개를 합쳐 놓은 것이다. 이는 두 사람이 토의할 때 일어나는 모습을 시각적으로 잘 보여 준다.
25 — 대화 막대기의 기원은 미국 원주민인 인디언들의 회의 풍습에서 비롯되었다.

6) 상대방이 중요하다고 느끼도록 해 주라. 자기중심보다 상대 중심이 되게 하라.

5. 대화의 유형

✔ 시비 걸기　✔ 외면하기　✔ 다가가기

이혼할 부부인지, 행복할 부부인지 '대화 유형'으로 90% 이상 알 수 있다. '다가가기' 대화를 하라.

V. 잘못된 대화 패턴을 바꾸는 코칭 기술

[잠 15:1] 유순한 대답은 분노를 쉬게 하여도 과격한 말은 노를 격동케 하느니라.
[시 141:3] 여호와여, 내 입술에 파수 군을 세우시고 내 입술의 문을 지키소서.
[잠 17:14] 다투는 시작은 방축에서 물이 새는 것 같은즉 싸움이 일어나기 전에 시비 그칠 것.
[갈 5:13] 자유를 위하여 부르심을 입었으나 그러나 그 자유로 육체 기회 삼지 말고 오직 사랑으로 서로 종노릇하라.

"말이 입힌 상처는 칼이 입힌 상처보다 깊다." - 모로코 속담 -

1. 코칭 기술이란

대화를 배운 사람들끼리 새로운 패턴을 위해 서로 코칭 하는 것

① 코칭 기술을 어떻게 사용할 것인지 먼저 합의하자. 코칭신호를 정해서 사용하자.
② 이해 기술, 표현 기술, 토의기 술을 사용하지 않게 되면 "중지 신호"를 사용하게 된다.
③ '중지 신호'를 받을 경우, 곧바로 대화를 중단하고 잘못을 수정하자.
④ 무엇이 잘못되었는지 모를 경우, 상대방에게 도움을 청하자.
"내가 뭘 잘못했는지 모르겠는데, 나를 좀 도와주겠어요?"
⑤ 무엇이 잘못되었는지 모를 경우 혹시 '싸우는 단어'를 사용했는지 살펴보자.
⑥ 상대방의 수정에 감사를 표현하자. 낮고 부드러운 목소리로 표현하자.
⑦ 갈등 속에서도 상호 존중하자.

"(   ) 말보다는 (   ) 게 말해 주면 좋겠어요."

"(   ) 태도보다는 (   ) 태도를 보여 주면 좋겠어요."

"(   ) 행동보다는 (   ) 행동을 보여 주면 좋겠어요."

2. 상대방이 말하는 네 가지 입장을 맞추어서 대화하라

하나님의 마음		하나님의 마음
부모의 마음		부모의 마음
어른의 마음		어른의 마음
어린이의 마음		어린이의 마음

〈표 14〉 대화하는 네 가지 입장

3. 비폭력 대화[26]

공감적 듣기 – 마셜 로젠버그(Marshall B. Rosenberg)

① 자칼 대화를 멈추고 기린 대화를 하라.

② 자칼처럼 이빨을 드러내어 판단과 비판, 과장, 정죄, 폭력, 협박, 너 전달법 중에 2개 이상을 내용으로 하는 머리 대화가 자칼이다.

③ 기린 대화는 기린처럼 공감, 연민, 불쌍히 여김, 가슴 대화, 나 전달법 중에 한 가지만, 사실 위주로 하는 대화이다.

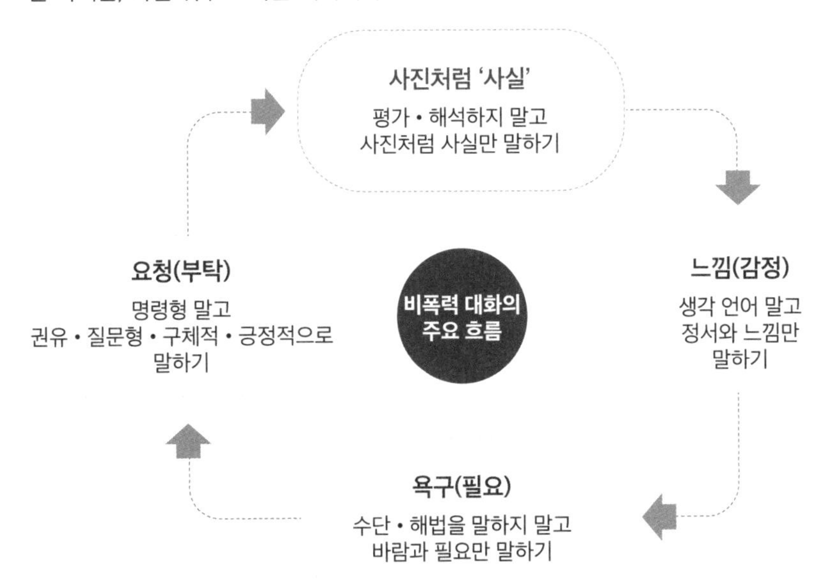

26 — 마셜 B. 로젠버그, 『비폭력대화』 (서울: 한국NVC출판사, 2017).

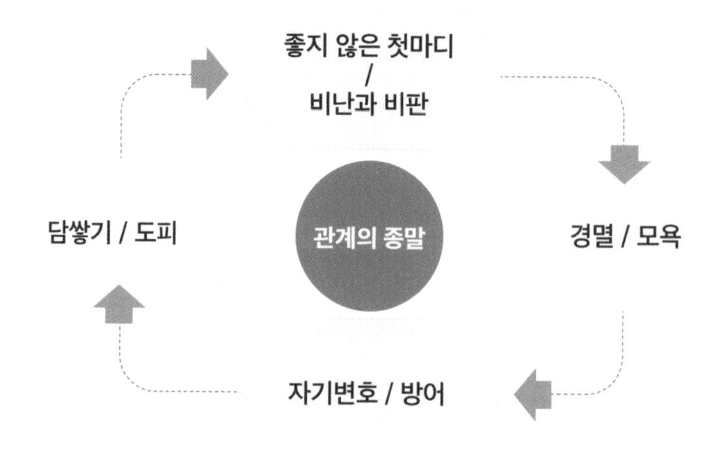

〈그림 15〉 비폭력 대화 흐름도

4. 12가지 걸림돌 (문제 해결의 방해 요인)

문제 없는 영역 안에 있을 때에는 걸림돌 사용이 문제가 되지 않을 수도 있다. 될 수 있으면 사용하지 않도록 해야 한다. 그러나 6, 8, 11, 12는 가능한 한 사용하지 않는 것이 좋다.

순	걸림 요인	구체적인 예
1	명령, 강요	"반드시 …해라.", "…하도록 해라."
2	경고, 위협	"…하지 않으면 그때는…", "…하는 데 좋을 걸, 그렇지 않으면…"
3	훈계, 설교	"… 하는 것이 네 책임이야."
4	충고, 해결 방법 제시	"내가 너라면 …게 하겠다.", "…하는 게 어떨까?"
5	논리적인 설득, 논쟁	"네가 왜 틀렸냐 하면…", "그래, 그렇지만 …"
6	비판, 비평, 비난	"너는 …을 신중히 생각하지 않아.", "네가 게을러서… 하는 거야."
7	칭찬, 찬성	"참 잘했어요.", "네가 맞아."
8	욕설, 조롱	"너 바보 아냐?", "그래, 너 참 잘났다."
9	분석, 진단	"무엇이 잘못되었느냐 하면…", "네가 단지 피곤한 거야."
10	동정, 위로	"걱정하지 말자.", "기분이 좀 나아질 거야.", "기운을 내!"
11	캐묻기와 심문	"왜…", "누가…", "무엇을…", "어떻게…"
12	화제 바꾸기, 빈정거림, 철회	"즐거운 일을 얘기하자…", "세상 일들 다 해결해 보시지."

〈표 15〉 12가지 걸림돌 대화

VI. 갈등 해결 기술 (Conflict Management Skill)

[약 1:19] 내 사랑하는 형제들아, 너희가 알지니 사람마다 듣기는 속히 하고 말하기는 더디 하며 성내기도 더디하라.
[엡 4:26-27] 분을 내어도 죄를 짓지 말며 해가 지도록 분을 품지 말고 마귀로 틈 타지…
[잠 15:28] 의인의 마음은 대답할 말을 깊이 생각하여도 악인의 입은 악을 쏟느니라.
[잠 29:11] 어리석은 자는 그 노를 다 드러내어도 지혜로운 자는 그 노를 억제하느니라.

1. 갈등이 없는 곳은 없다[27]

갈등 있는 것이 정상이다. 갈등은 성숙과 협의를 가져온다. 상대를 더 많이 이해하는 좋은 사인(sign)이다.

2. 하나님은 화내는 것을 허락하셨다

① 하나님도 성경 전체에 375번 화를 내셨다. 예수님도 성전 타락에 화를 내셨다. 바리새인과 서기관의 회칠한 무덤 같은 신앙생활에 화를 내셨다. 어린 아이가 예수님께 다가오는 것을 제자들이 막을 때 화를 내셨다. 화내는 것은 자연스럽게 하나님을 닮은 것이다.

② 화날 때는 하나님처럼 건강하게 풀어야 한다. 단순히 참는 것만이 옳은 것은 아니다. 나름 화 다스리는 법을 많이 가지고서 실천해야 한다. 화가 풀리는 방법을 상대방과 가족에게 말해 주고 협조를 구하는 것이 좋다.

3. 부부 싸움, 규칙대로 하자

① 비폭력적이어야 한다. 폭력(폭언, 협박 포함)을 사용하지 말라.
② 장외 경기는 금지. 반드시 정해진 집안의 장소에서만.
③ 자녀들 앞에서는 싸우지 말라.
④ 지구전을 피하라. 잠들기 전 화해하고 협의하라.
⑤ 남이나 남의 가정과 비교하는 것은 절대 금기.

27 — 게리 채프먼, 『사랑의 또 다른 얼굴, 분노』 (서울: 두란노, 2002).

⑥ 상호 인격의 모독을 하지 말라.

⑦ 승부에 연연하지 말라.

⑧ 같은 제목을 가지고 연속 상영하지 말라. 지나간 것 꺼내지 말라.

⑨ 상대방의 입장도 먼저 이해하라.

⑩ 싸움이 일어났을 때는 이전이나 이후의 문제는 다루어서는 안 된다. 반드시 현재의 것으로만 제한하라.

⑪ 부부 문제가 밖으로 유출되지 않도록 하라. 특히 양쪽의 가정으로 연결되지 않도록 해야 한다. 다른 사람에게나 공적인 자리에서는 절대 공격하지 말아야 한다. 자기의 몸이기 때문이다. 다른 사람을 싸움에 개입시켜서는 안 된다.

⑫ 고함을 치지 말라. 목소리로 상대를 제압하려는 자체가 벌써 실패이다. 폭력을 사용하거나 협박하는 것은 비열하고 인격이 결여된 것이다.

⑬ 다투더라도 비열한 말, 모독하는 말, 상대방 인격을 짓밟는 말과 행위는 반드시 피하라.

⑭ 싸움 후에는 반드시 내 쪽에서 먼저 용서를 구해야 한다.
어느 한쪽이 100% 잘못한 경우는 없다. 조금이라도 잘못이 있다.

⑮ 서로 솔직하고 존중해야 한다(엡 4:25). 자리를 뜨지 말고 가까운 데서 싸우라.

⑯ 특별한 목적 외에는 분방하지 말라.

4. 화를 잘 내자

① 화내는 것 자체가 죄는 아니다. 다만 화를 내어 죄를 짓는 것은 잘못이다. 잘못 화를 내는 것이 문제이다. 비판, 정죄, 판단, 조소, 욕, 상처 줌, 편을 가름, 분리, 비교하기, 범죄, 살인, 비난, 비꼼, 괴롭힘, 폭력이나 학대, 지난 일을 다시 꺼내는 것, 비교하는 것, 화를 조절하지 못하는 것, 마귀에게 사로 잡히게 된다.

> [엡 4:26~27] 분을 내어도 죄를 짓지 말며 해가 지도록 분을 품지 말고 마귀로 틈 타지 못하게 하라

② 나를 바르게 사랑하기 위해서라도 바르게 화를 내어야 한다. 건강하게 화를 잘 내는 사람은 우울증이나 공황장애, 화병, 불면증, 과도한 스트레스, 두통, 소화불량 등에 노출되지 않는다.

5. 갈등 해결 기술 포인트(TRUST)

① 감정과 행동의 관계

〈그림 16〉 감정과 행동과의 관계

② 감정 조절할 시간을 가져라.

③ 이완 기술을 사용하여 근육의 긴장을 풀어라.

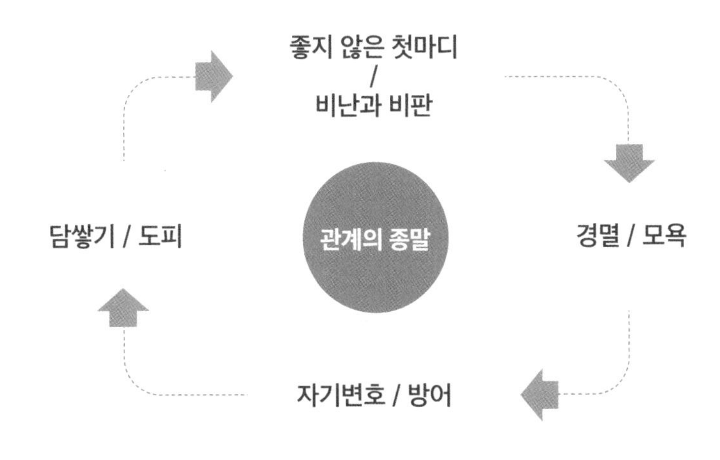

〈 그림 17 〉 관계의 종말을 구하는 대화 흐름도

6. 문제 소유 가리기 (알아차림)

상대가 해결해야 할 문제	상대가 해결해야 할 문제	**적극적 듣는 기술** (적극적 수용, 반영적 경청)
문제가 아님	문제가 아님	긍정적, 예방적, 개방적 나 전달법
내가 해결해야 할 문제	내가 해결해야 할 문제	**대면 기술** (I-message, 환경 재구성, 제3의 방법)

〈표 16〉 문제 소유 가리기 대화법 흐름도

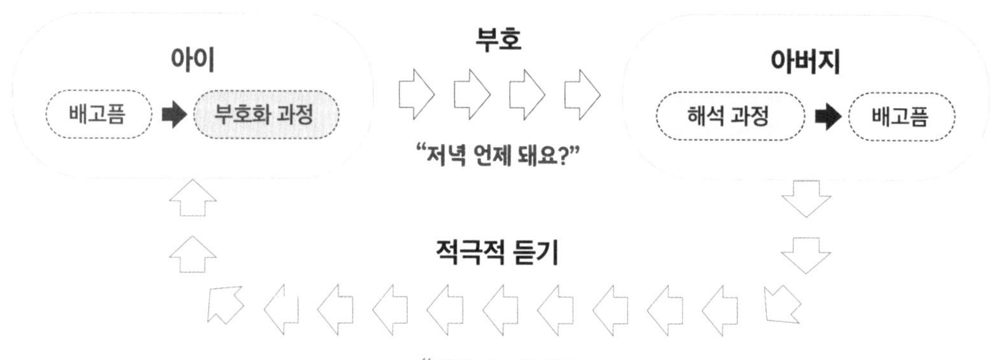

〈그림 18〉 적극적 듣기 – 암호 해석 대화

Ⅶ. 용서 기술[28](Forgiveness Skill)

[엡 3:32] 서로 인자하게 하며 불쌍히 여기며 서로 용납하기를 하나님이 그리스도 안에서 너희 용서하심 같이 하라
[잠 25:9] 내가 마음을 정하였다 내 죄를 깨끗하게 하였다 할 자가 누구뇨
[잠 31:26] 입을 열어 지혜를 베풀며 그 혀로 인애의 법을 말하며
[마 18:35] 너희가 각각 마음으로부터 형제 용서하지 아니하면 나의 하늘 아버지께서도 너희에게 이와 같이 하시리라

28 — 프레드 러스킨, 『나를 위한 선택, 용서』 (서울: RHK, 2014).

1. 용서는 사건을 잊는 것이 아니라 어떻게 기억하느냐의 문제[29]

사건을 잊는 것은 과거의 분노와 독이 되는 쓴 마음이 현재에 영향을 주기에 용서가 아니다. 다만 바르게 용서해야 할 사건을 재해석하고 십자가 복음과 예수님의 시각과 상대의 시각에서 다시 기억하고 해석하면, 과거에서 놓여 자유로운 감정과 생각이 된다. 용서는 다른 사람의 잘못된 행동을 옳은 일로 만드는 것이 아니다. 자신이 어떤 사람인지 규정하는 것이다.

2. 인생은 해석이 90%, 실제 환경이나 상처로 아픈 것이 10% 정도이다

심리학자들도 인생은 해석이 90%라고 한다. 환경이나 상처로 아픈 것은 10% 정도로 줄어든다고 한다. 용서는 그 해석을 바르게 하는 것이다.

용서는 '풀어 준다'는 뜻을 가지고 있다. 성경은 용서하지 못하는 사람이 겪게 되는 정서적 대가를 '감옥'에 갇히는 것으로도 표현하고 있다(마 18:21-35). 용서하지 못하는 것은 무엇보다도 자신을 엄청난 고통에 가두어 두는 행위다.

> [마 6:14~15] 너희가 사람의 과실을 용서하면 너희 천부께서도 너희 과실을 용서하시려니와 너희가 사람의 과실을 용서하지 않으면 너희 아버지께서도 과실을 용서하지 아니하시리라

다른 사람의 죄를 용서해 주는 것은 자신을 가장 사랑하기 위해서이다. 십자가 복음을 잘 실천하고 하나님의 은혜를 가장 잘 드러내는 방법이다.

3. 성경적인 용서를 더 깊이 생각

내가 용서를 받은 크기를 알고 깊은 은혜에 들어가면 용서해 주어야 할 사람의 죄가 상대적으로 너무 작아 보인다. 결국 용서를 하는 것이 아니라 내가 받은 용서가 너무 커서 그에게 용서를 나눈다는 것이 맞다. 상대를 용서하지 못하겠다고 하는 것은 내가 주님께 용서받은 것을 믿지 않는 행위이다.

---

29 — 딕 티비츠, 『용서의 기술』(서울: 알마, 2008). '딕 티비츠'는 심리학자이면서 심리 상담사이다. 플로리다 병원과 스탠포드 의과대학의 공동 연구였던 '분노와 용서가 건강에 미치는 영향'에 대한 결과물을 모티브로 쓴 책. 고혈압이 있으면서 분노감을 자주 느끼거나 심하게 분노하고 격해지는 상황이 잦은 환자들의 상태를 안정시키는 데 '용서'가 효과적이었다는 것을 입증. "살아가기 위해 용서하라"(Forgive to live)라는 원제는 지은이의 경험에서 비롯했다.

4. 용서가 잘되지 않는 까닭은 무엇일까?

① 십자가의 용서가 내게 어떤 의미인지 깊이 모르기 때문이다.

> [롬 5:8] 우리가 아직 죄인 되었을 때에 그리스도께서 우리를 위하여 죽으심으로 하나님께서 우리에게 대한 자기의 사랑을 확증하셨느니라

② 내가 그 사람보다 낫다고 생각하는 것이다.

③ 하나님은 용서할 수 없는 사람도 용서하신다.

"바른 성숙은 그가 하는 말이 성숙한 것이다. 말은 곧 그 자신이기 때문이다."

대화 점검 체크 리스트 - 서상복 소장

[1–7번 문항] 10점 척도로 아래와 같이 체크하라.

언제나 그렇다 ⇨ **10** 자주 그렇다 ⇨ **8** 대체로 그렇다 ⇨ **6**
보통이다 ⇨ **5** 약간 그렇지 않다 ⇨ **4** 대체로 그렇지 않다 ⇨ **3**
아주 그렇지 않다 ⇨ **2** 전혀 그렇지 않다 ⇨ **1**

[8–13번 문항] 5점 척도로 아래와 같이 체크하라.

항상 그렇다 ⇨ **5** 대체로 그렇다 ⇨ **4** 보통이다 ⇨ **3**
대체로 그렇지 않다 ⇨ **2** 전혀 그렇지 않다 ⇨ **1**

번호	점검 문항	기준별 점수							
		10	8	6	5	4	3	2	1
1	잘 모르는 사람과도 쉽게 대화할 수 있는가?								
2	가족 모두와 대화를 잘하는가?								
3	조금 가까우면 자신의 깊은 것을 말하는가?								
4	신앙적인 차이 외에는 모두가 자신을 좋아하는가?								
5	다른 사람의 말을 끝까지 잘 듣는가?								
6	내 말을 다른 사람들이 의미 있게 잘 이해하며 듣고 싶어 하는가?								
7	모든 사람과의 대인 관계가 자연스럽고 따스한가? 어떤 상대이든지 소중히 여기는 대화를 하는가?								

번호	점검 문항	기준별 점수				
		5	4	3	2	1
8	모든 대화를 화내거나 삐치거나, 침묵 없이 잘 해결한다.					
9	당신 전달법이 아니라 나 전달법을 사용하여 대화한다.					
10	대화 마무리에 항상 1–2줄로 상대의 말의 의미를 핵심 요약하여 말해 주는가?					
11	상대가 말하지 않은 내용(비언어적 전달)을 모두 파악하는가?					
12	모든 대화를 적극 경청(공감, 호응, 반응, 집중, 이해)하는가?					
13	머리나 목의 언어가 아니라 가슴의 언어로 대화하는가? 5–6급 〈 1–2급(중요 감정, 진실, 다양한 내용, 깊은 공감)인가? 진심과 중요한 것을 정직하게 잘 나누는 대화인가?					

총점 (　　　　　) 점

대화 1-9단 심사 판정표

- 95–100점: 9단
- 90–94점: 8단
- 85–89점: 7단
- 80–84점: 6단
- 75–79점: 5단
- 70–74점: 4단
- 65–69점: 3단
- 50–64점: 2단
- 40–49점: 1단
- 39점 이하: 초단

〈표 17〉 서상복 소장의 대화 점검 테스트

부부에게 좋은 사랑의 언어 5가지

※ 게리 채프먼의 『5가지 사랑의 언어』에서 필자가 일부 수정 보완

5가지 방법	잘되고 있는 항목	실천에 문제 있는 항목	구체적 실천 방안
1. **격려의 말** 장점, 잘한 일 칭찬, 인정하는 말하기, 존재적 언어를 말하기			
2. **섬김의 행위** **(봉사)** 배우자가 좋아하는 일을 서비스함			
3. **선물을 주는 일** "당신을 위한 제 마음이에요." 자주 다양하게 선물하기			
4. **함께하는 시간** **(양질의 시간)** 특별히 대화 시간과 추억 갖기, 배우자의 소원, 기쁨, 힘듦에 집중하기, 자주 외식, 산책, 여행하기			
5. **신체적 접촉과 친밀성** 손잡기, 팔짱 끼기, 어깨동무, 키스, 포옹, 정기적인 만족스러운 성관계, 안마하기			

〈표 18〉 부부의 좋은 사랑의 언어 5가지

연인을 위한 사랑의 언어 5가지 - 서상복 소장

※ 게리 채프먼의 『5가지 사랑의 언어』에서 부부에게 좋은 사랑의 언어 5가지를 필자가 응용

5가지 방법	잘되고 있는 항목	실천에 문제 있는 항목	구체적 실천 방안
1. **격려의 말** 연인의 장점, 잘한 일 칭찬, 인정하는 말하기, 연인에게 감사하기, 연인의 미래를 축복하기 연인에게 존재적 언어를 많이 말하기			
2. **섬김의 행위** **(봉사)** 연인이 좋아하는 일(또는 하는 일)을 지지하고 돕기, 연인이 힘든 일 돕기			
3. **선물을 주는 일** "당신을 위한 제 마음이에요." 자주 다양하게 선물하기 그림, 사진, 자작 시, 편지 주기 좋은 글로 카톡이나 문자 주기 연인의 필요한 것 수시로 파악 후 생일 등 기념일에 선물 주기			
4. **함께하는 시간** **(양질의 시간)** 우선순위를 두고 대화 시간, 추억 갖기, 연인의 소원, 기쁨, 힘듦에 집중하여 대화하기, 2주 1회 이상 자주 만남 (맛집, 산책, 운동, 놀이)			
5. **신체적 접촉과 친밀성** 손잡기, 팔짱 끼기만 하기, 정서를 공감하는 깊은 대화로 일치감과 위로, 안정감 주기			

〈표 19〉 연인의 좋은 사랑의 언어 5가지

정리와 나눔

1. "하나님 나라 대화법" 강의에서 특별하게 깨달은 점과 실천할 것을 나누어 보자.

2. 용서를 선포하고 실천해야 할 분은 누구인가?

3. 용서를 어떻게 실천하겠는가?

결혼 그 이후,
하나님 나라 가정 만들기

Ⅰ. 성경과 현실을 품은 가정 경제
Ⅱ. 결혼 준비, 실제로 이렇게 하자
※ 결혼 면허증(연애 면허증 겸용) 수여, 전체 소감 발표

돈을 사랑치 말고 있는 바를 족한 줄로 알라 그가 친히 말씀하시기를 내가 과연 너희를 버리지 아니하고 과연 너희를 떠나지 아니하리라 하셨느니라 히 13:5

돈을 사랑함이 일만 악의 뿌리가 되나니 이것을 탐내는 자들은 미혹을 받아 믿음에서 떠나 많은 근심으로써 자기를 찔렀도다 딤전 6:10

한 사람이 두 주인을 섬기지 못할 것이니 혹 이를 미워하며 저를 사랑하거나 혹 이를 중히 여기며 저를 경히 여김이라 너희가 하나님과 재물을 겸하여 섬기지 못하느니라 마 6:24

Ⅰ. 성경과 현실을 품은 가정 경제[30]

1. 돈이란 무엇인가? [31]

1) 돈은 우리 믿음의 시험대(마 4:1-10; 6:24), 돈과 재물의 주인은 누구인가? 주님의 것임을 고백하자[32]

현대 사회에서 일어나고 있는 많은 범죄 사건들은 돈 문제와 깊은 관련이 있다. 우리 나라

30 — 보도 섀퍼, 『보도 섀퍼의 돈』 (서울: 에포케, 2022). 부자가 되는 길을 찾아라. 실전 투자기법. 로버트 기요사키, 『부자 아빠, 가난한 아빠』 (서울: 민음인, 2018). 모건 하우절, 『돈의 심리학』 (인플루엔셜㈜, 2021), 당신은 왜 부자가 되지 못했는가? 부에 관한 문제는 결국 학력, 지능, 노력과 직접적 관련이 없으며 돈에 관한 인간의 편향, 심리, 다시 말해 '돈의 심리학'과 밀접한 관련이 있음을 깨닫게 한다.

31 — 김미진, 『왕의 재정 1, 2』 (서울: 규장, 2019).

32 — 김남순, 『죽기에 너무 젊고 살기엔 너무 가난하다』 (서울: 봄이아트북스, 2022)와 가정경제연구소, 미래희망가정연구소, 딥플러그 김남순 대표의 인터넷 강의 내용에서 참고.

의 형사, 민사 사건의 90% 이상이 돈과 관련된 사건들이다. 돈은 우리 믿음의 시험대이다(마 4:1-10, 6:24). 돈 관리에 있어서 기본적인 자세는 청지기이다(마 25:21).

돈 뒤에는 항상 사단이 우리를 노리고 있다는 사실을 알아야 한다. 돈은 우리를 지배할 수도 있다. 세상을 지배하고 마음까지 지배하려 한다. 그렇기 때문에 성경에는 약 2,350여 회 정도나 돈 또는 재정에 대해서 언급하고 있다. 그만큼 돈은 위험하다. 하나님과 하나 됨을 가장 많이 막기 때문이다. 하나님은 돈에 대해서 우리가 영적 무장을 하기를 원하신다.

> [시 24:1] 땅과 거기에 충만한 것과 세계와 그 가운데에 사는 자들은 다 여호와의 것이로다
> [신 10:14] 하늘과 모든 하늘의 하늘과 땅과 그 위의 만물은 본래 하나님 여호와께 속한 것이로되
> [학 2:4] 은도 내 것이요 금도 내 것이니라 만군의 여호와의 말이니라

2) 청지기 재정 관리의 원칙,[33] 돈 관리에 있어서 기본적인 자세는 청지기의 자세(마 25:21)이다

- 청지기: 집 위에 있는 자(히브리어)
- 주인의 가사 전반을 돌아보고 관리하는 사람(창 43:16, 19; 44:1, 4)
- 서신서에는 모든 그리스도인을 상징(고전 4:1; 벧전 4:10)
- 경제(economy)의 어원은 오이코노모스(집사: 청지기)이다

① 돈과 재물의 소유권을 인정하고 주님께 양도하라

> [대상 29:12] 부와 귀가 주께로 말미암고 또 주는 만물의 주재가 되사 손에 권세와 능력이 있사오니 모든 사람을 크게 하심과 강하게 하심이 주의 손에 있나이다

② 자녀, 재물, 재산을 내려 놓아라

③ 일생의 재정 계획을 세워라

④ 매월 예산을 세우고 결산을 해야 한다

⑤ 모든 일에 하나님을 신뢰하고 맡기기

33 — 위의 책과 김남순 대표의 강의에서 참고.

3) 돈은 복과 저주 두 가지 중에 하나로 쓰일 때가 많다

돈은 하나님이 주시는 복이 될 수도 있지만, 사단으로 말미암은 저주의 수단이 될 수도 있다(창 13:2; 14:23; 신 8:18; 왕상 3:13; 겔 12장; 살후 2:9).

소유권 양도 각서[34]

나는 이제 나 자신과 나의 돈과 소유, 가족과 사랑하는 사람 등
이 모든 것의 소유권이 하나님께 있음을 인정합니다.
하나님이 나누라고 하는 곳에 나누고, 주라고 하는 곳에 주겠습니다.
소유물을 얻는 것과 나눔에 동기와 목적이 하나님 나라를 위하고
공동체를 위하여 사용하는 청지기가 되겠습니다.
일시적인 이익보다 손해가 나도 하나님의 시각에서 보며 사용하겠습니다.

20 . . .

이름: ______________

이름: ______________ 서명

증인: ______________ 서명

증인: ______________ 서명

34 — 김신호, 『성경적 재정관리』 (서울: 토기장이, 2018), 45을 참고하여 필자가 수정및 보완.

4) 돈 뒤에는 항상 사단이 우리를 노리고 있다

돈은 우리를 지배한다. 세상을 지배한다. 마음까지 지배하려 한다. 그렇기 때문에 성경에는 예수님의 비유 38가지 중에서 돈과 재물에 관한 비유가 16가지, 성경 전체 구절 중에서 돈과 재물에 관한 구절이 2,350절이나 있다. 재물은 헬라어로 '맘모나스(Mamonas)'이며, '맘몬(Μαμωνας)'에서 나온 말이다. '신처럼 신뢰하는 것'을 말한다. 돈으로 인해 하나님을 떠나거나 믿지 않으니 돈이 신이 되는 것이다. 킹제임스 번역에는 재물을 '맘몬(mammom)'으로 표시했다. '적그리스도(anti–Christ)'는 그리스도를 반대하고 대항도 하지만 그보다 더 많이는 '그리스도를 대체하는 사람'이다.

> [마 6:21] 네 보물 있는 그 곳에는 네 마음도 있느니라

맘몬의 권세(유혹)[35]

① 돈에 대해 염려하고 근심하라

② 돈을 잘 관리하지 마라

③ 충동구매

④ 인색함과 욕심으로 하라

⑤ 돈에 대한 과장과 돈이 가진 힘을 과대평가한다.

5) 성경적 재정 원리를 적용해야 하는 이유는 무엇인가?[36]

① 재물을 다루는 것이 주님과의 관계에 중요한 영향을 미치기 때문이다.

② 물질이 우리 삶의 주인 자리를 두고서 하나님과 경쟁 관계에 있기 때문이다.

> [마 6:24] 한 사람이 두 주인을 섬기지 못할 것이니 혹 이를 미워하며 저를 사랑하거나 혹 이를 중히 여기며 저를 경히 여김이라 너희가 하나님과 재물을 겸하여 섬기지 못하느니라

③ 우리 인생의 많은 부분이 돈을 사용하는 것과 관련이 있기 때문이다.
하루의 대부분이 돈을 버는 일과 돈을 쓰는 일이다.

---

35 — 김남순, 『죽기에 너무 젊고 살기엔 너무 가난하다』와 김남순 대표의 강의에서 참고.
36 — 위의 책.

6) 재정적 자유를 가로막는 요인은 무엇인가?[37]

① 물가 상승

② 낮은 금리

③ 고령화 저출산

④ 무계획적 지출 습관

⑤ 미루는 습관

2. 돈에 대한 성경적 관점 [38]

1) 돈은 부부의 공동 소유이다.

2) 돈에 있어서도 하나가 되어야 한다. 부부의 재정 분리는 위험 신호이며 사탄의 전략이다.

3) 돈을 쓰는 데 있어서도 대화가 있어야 한다.

4) 책임질 수 있는 지출을 해야 한다.

5) 하나님은 사람에게 돈을 벌 수 있는 능력을 주셨다. 돈을 버는 것은 천한 것이 아니다.

6) 우리가 소유한 모든 것은 하나님께 속한 것이다.

7) 실제로 우리는 금보다 더 가치 있는 것을 많이 가지고 있다.

8) 물질에 대한 탐욕, 불만, 염려는 죄이다.

9) 하나님께서는 우리의 힘과 능력을 충분히 사용하길 원하신다.

10) 급히 돈을 벌려고 하지 말라(로또, 지나친 주식과 코인, 투기성 부동산 운영, 다단계 판매).

11) 하나님께 바치고, 또 가난한 자에게 나누어 주라.

12) 어떻게 벌고, 어떻게 쓸 것인지 자세히 계획하라.

13) 수입 안에서 살아야 하며 갚기 힘든 빚은 지지 말아야 한다(잠 6:1-3; 22:7; 롬 13:8).

14) 수입을 현실적으로 분명히 정하는 것부터 시작하라.

15) 그런 후 지출에 대해 계획하라.

① 전체 수입에서 헌금과 구제: 20-30%

② 저금, 적금, 보험, 빚 갚기, 투자: 홀로 벌이는 30%, 맞벌이는 50%

---

37 — 위의 책.

38 — 백정선, 김의수, 『빚지기 전에 알았더라면 좋았을 것들』(서울: 미디어 윌, 2014). 김의수, 『돈 걱정 없는 우리 집』(서울: 비전과리더십, 2013).

③ 은사 개발, 자기개발, 취미: 10-20%

④ 생활비와 주거비: 15-30%

16) 이제 매달 총 수입과 매달 총 지출을 비교하여 균형이 되는가 보라.

균형이 되지 않으면 지출을 줄이고 수입을 늘리자.

17) 크리스천의 돈 관리 3대 요소

① 드림(하나님)

② 나눔(사람)

③ 누림(자신)

3. 청지기는 돈 관리하는 방법을 알아야 한다[39]

사칙연산: +, - , ×, ÷ 그리고 @

1) 돈 벌기 습관 (+)

돈은 일과 땀을 통해서 생긴다. 로또에 당첨될 확률(840만분의 1)

2) 돈은 버는 것보다 잘 쓰는 것이 중요하다 (-)

필요(need)와 욕구(want): 지출을 줄이면 한 달에 20-30만 원을 절약할 수 있다.

3) 돈 불리는 방법 (×)**: 분산하여 투자하기**

- 경제적 안정을 위한 '40-40-20' 투자 방법
- 소유 자본의 40%는 안전한 곳에 투자
- 40% 약간의 위험을 감수한 투자
- 20% 공격적으로 투자

① **저축:** 수익성, 안정성, 환급성(입출금이 가능한가)을 고려

수익성은↓ 안정성↑ 마이너스 금리 시대(이자율 2%, 물가 상승 4%)

저축의 종류: 적금(매달 얼마씩 적립) 예금(한꺼번에 맡김)

39 — 앞의 책.

② **투자:** 안정성↓ 수익성↑ 주식보다는 펀드, 땀과 기다림의 대가가 있음

직접 투자: 내가 주체가 되어 내가 결정하고 직접 사는 것, 주식, 금 채권, 경매

간접 투자: 펀드가 대표. 펀드 닥터 사이트

※ 펀드는 금융 전문가가 동행, 투자자로부터 모은 자금을 자산 운용 회사가 주식, 채권, 실물 자산 등에 투자 운용한 후 그 운용 수익을 돌려주는 간접 투자 상품

③ **투기:** 사탄의 함정, 아무것도 하지 않고 수익을 얻으려고 하는 것

투자인가 투기인가 진단 기준 6가지 - 서상복 소장

① 매일 들여다보면 이미 집착이며 우상이 된 것이다.
② 손실이 나거나 전부 잃었을 때 타격이 크면 지나친 투자이다.
③ 빚을 내어서 투자하거나 주식을 사는 것은 지나친 것이다.
④ 주식 등을 사거나 투자하는 모든 것으로 생활의 리듬이 깨어지거나 매일의 말씀 묵상과 예배가 방해된다면 이미 지나친 것이다.
⑤ 자기 소신에 의해서 하면 투자, 타인에 의해서 하면 투기이다.
⑥ 해당 회사의 영향력이 선하면 투자, 악하면 투기이다.

4) 돈 나누기 습관 (÷): 주는 자가 더 많이 갖는다

"차고 넘치는 부는 그 소유자에게 맡겨진 성스러운 재물이다.

그는 이 재물을 평생 사회의 안녕을 위해 사용할 의무가 있다." – 앤드류 카네기

✔ 세금 ✔ 헌금 ✔ 기부

5) 빌리기, 대출 (@)

[잠언 22:7] 부자는 가난한 자를 주관하고 빚진 자는 채주의 종이 되느니라

좋은 빚(빚을 얻어서 자산이 늘어나는 것)과

좋지 않은 빚(소비를 위한 빚, 자동차, 가구, 오디오, 텔레비전, 가전제품)의 기준

"소비를 위한 빚은 절대로 지지 말라"

'빚'은 히브리어로 '니샥'(Nashak)이다. '(뱀처럼) 독이 든 이로 치다.'라는 뜻이다.

민수기 21장에 광야에서 불뱀에 물린 자들이 놋뱀을 쳐다보고 모두 사는 내용에 독에 물려서 죽어 가는 것을 '니샥'이라고 한다. 빚지는 것은 독에 물려서 서서히 죽어 가는 것과 같다.

'이자로 압박하다', '고리대금하다'라는 뜻이다.

빚을 청산하기 위한 13가지 지혜[40] - 보도 섀퍼, 『보도 섀퍼의 돈』

1. 장기적 목표를 세워라
2. 신념을 바꾸어라
3. 푼돈을 소중하게 여겨라
4. 지출을 모두 기록하라
5. 지금 당장 신용카드를 찢어 버려라: 5천만 원 이상 통장이 불어났을 때 다시 만들어라
6. 마이너스 통장의 신용 한도가 하나도 없다고 생각하라
7. 빌려주고 아직 돌려받지 못한 돈의 목록을 작성하라
8. 당신에게 돈을 빌려준 사람들과 터놓고 이야기하라
9. 자신이 매달 갚을 수 있는 돈의 절반을 최고 액수로 제시하라
10. 돈을 쓸 때마다 한 번 더 생각하라
11. 새로운 수입원을 찾아라
12. 지출액과 수입액을 정하라: 매달 지출하는 최고액과 매달 벌어들이는 최소 금액을 정해 놓으라
13. 절박함에 대한 감각을 키워라

빚이 위험할 때[41]

① 소유물의 재판매 가격이 융자금보다 적을 때 위험하다.
구입 후 가격이 떨어져 판매 가격이 빚보다 적어진 상태를 말한다.

② 미래를 가정하는 빚은 위험하다.
두 사람이 모두 소득이 있을 것이라고 예상하고 빚을 지는 경우가 대표적이다.

③ 주된 채무자(하나님)의 돈을 훔쳐 하위 채무자(인간)에게 지불할 때 위험하다. 구입한 것의 월부금 지불이 많아 하나님께 전혀 드리지 않거나 금액을 줄이는 경우이다. 빚이나 지출이 많아 하나님께 헌금을 하지 않는 것이다. 이것은 지갑에 구멍을 내는 어리석은 것이다(학 2:11).

④ 다른 사람의 필요를 채우도록 성령께서 인도하실 때 신속하게 반응하지 못한다면 위험하다.

⑤ 이동이나 변화를 요구하는 성령의 인도하심에 자유롭게 반응하기 어렵다면 위험하다.

---

40 — 보도 섀퍼는 독일 출신의 세계적인 동기부여 전문가이자 경영 컨설턴트이다. 보도 섀퍼, 『보도 섀퍼의 돈』 (서울: 에포케, 2011).
41 — 김신호, 『성경적 재정관리』, 76-78.

✔ 빚의 결과[42]

① 오래 질질 끈다.

② 염려와 스트레스를 낳는다.

③ 중독성이 있고 부정직하게 한다.

④ 가진 것이 없으면서도 가진 것처럼 위장하게 한다.

⑤ 하나님께서 'NO'라고 말하거나 더 좋은 방법을 주시려는 기회를 박탈해 버린다.

⑥ 자원을 동결시키고 하나님의 나라를 위해 쓰지 못하게 만든다.

4. 경제 관리 실무[43]

1) 돈 걱정을 없애 주는 든든한 7단계 재무 시스템[44]

① **1단계 –** 월급으로 한 달 산다. 신용카드는 20%짜리 소액 대출과 같다. 신용카드를 체크카드로 대체하라.

② **2단계 –** 내가 얼마 쓰는지 알고 쓴다. 헌금, 생활비, 교육비, 이자 및 세금, 용돈(부부, 부모님, 자녀), 보험료, 기타 항목 등으로 나누어도 좋다.

③ **3단계 –** 통장 쪼개기로 꼭 필요한 목돈을 만든다. 통장 쪼개기는 재무 목표에 따라 통장을 만들고 목표 금액과 기간에 따라 적금을 들거나 펀드 등에 투자를 하여 돈을 모으는 것이다.

연령	단기: 중기: 장기 (비율)
미혼	7 : 2 : 1
30대(신혼–초등자녀)	2 : 6 : 2
40대(중 · 고등학생 자녀)	3 : 4 : 3

〈표 20〉 연령별 통장 쪼개기와 비율

20대 10% | 30대 20% | 40대 30%

〈노후 자금 비율〉

42 — 위의 책, 78-79.

43 — 백정선,김의수,『빚지기 전에 알았더라면 좋았을 것들』. 김의수,『돈 걱정 없는 우리 집』.

44 — 백정선,『부채는 줄이고 행복자산은 늘려라』(서울: 비전과 리더십, 2011). 백정선.김의수,『노후, 돈 걱정 없이 살고 싶다』(서울: 알피코프, 2014). 박상훈,『빚 걱정 없는 우리 집』(서울: 서로가 꿈, 2012).

④ **4단계** – 수시로 들어가는 돈은 따로 떼어 놓는다. (경제적 에어백)

- 비정기 지출로 부모님 생신, 명절, 어버이날, 어린이날, 휴가, 경조사비 등이다. 개인의 형편에 맞게 500만 원에서 3,000만 원을 비정기 지출 통장에 넣고 사용한다.
- 월급의 10%는 거위 통장(저수지 통장, 비상금 통장)으로 만들어라.

⑤ **5단계** – 월급날에 급여 통장을 0원으로 한다.

- 1–4단계를 통해 신용카드를 사용하면서 '후 결제 시스템'을 애용했던 생활 패턴을 현금만 사용하는 '선 결제 시스템'으로 바꾸고 소비성 지출 항목을 정리해 누수 자금을 없애라.
- 재무 목표별로 통장 쪼개기를 하고 1년간의 비정기 지출 항목도 꼼꼼히 따져 예산도 세우라.
- 예산을 집행하여 월급 통장을 0원으로 만들자. 이렇게 한 달 한 달 살다 보면 매월 버는 돈으로 계획에 맞게 지출하는 기쁨을 맛볼 수 있다.

⑥ **6단계** – 5단계까지 매월 점검한다.

⑦ **7단계** – 지금 당장 시작한다.

2) 미혼을 위한 재무설계 원칙

➡ 결혼 자금이나 전세 자금이 없다면 정부에서 지원하는 대출을 적극 활용

➡ 가능하면 자동차는 결혼 후에 구입

➡ 재테크로 수익률 높이는 데만 지나치게 치중하지 않음

➡ 신용카드보다는 체크카드를 적극적으로 활용

➡ 미혼자는 청약 저축에 가입하여 내 집 마련을 준비함

➡ 노후를 위해 연금 보험에 가입하되 적은 금액부터 시작

➡ 자기 개발 위해 매월 급여의 10%

① 두 사람의 공통 통장인 데이트 통장을 개설하고, 체크카드를 각각 만들어 소유해서 데이트 통장에서 빠져나가게 하자.

② 결혼 비용: 비용은 2억 808만 원, 미국의 다섯 배, 결혼식만 들어가는 비용 1,722만 원

③ 신혼 부부 우선 공급 임대 주택을 알아보자.

전세 대출금은 보증금의 30%가 적당, 최대 50%를 넘지 않도록 해야 한다.

④ 사랑을 지키는 결혼 자금 총액제

3) 금융, 어디까지 알고 있니? 나의 금융 지수는?[45]

구분		○	×
1.	단리와 복리의 차이를 설명할 수 있다.		
2.	표면 금리와 실질 금리의 차이를 설명할 수 있다.		
3.	저축과 투자의 차이를 설명할 수 있다.		
4.	예금과 적금의 차이를 설명할 수 있다.		
5.	주식과 채권의 차이를 설명할 수 있다.		
6.	주식과 펀드의 차이를 설명할 수 있다.		
7.	보장성 보험과 저축성 보험의 차이를 설명할 수 있다.		
8.	이자 소득세가 얼마인지를 설명할 수 있다.		
9.	금융 상품의 비과세 제도를 알고 있다.		
10.	금리 인하 요구권을 알고 설명할 수 있다.		

〈표 21〉 나의 금융지수는 – 김남순

[재정에 관한 질문들]

1. 십일조는 꼭 해야 하나?
2. 대출 없이 집 사기가 어려운데 빚지는 것이 성경적인가?

[헌금에 대한 성경적 관점 – 고린도전 • 후서]

※ 가정경제 참고자료 1

"세상적인 부는 사용하기 위해 주어졌다. 쌓으라고 준 것이 아니다. 움켜쥐는 것은 우상숭배이다."

– 디트리히 본회퍼

45 — 김남순, 앞의 책 참고.

1. 바울의 헌금관 - 헌금이란?

바울은 (롬 15:25-32), (고전 16:1-4), (고후 7:14-9:15), (갈 2:9-10)에 걸쳐 성경에서 가장 많이 헌금을 강조.

하나님께 감사를 넘치게 하는 행위. 그 결과로 하나님께 영광.

[고후 9:12] 이 봉사의 직무가 성도들의 부족한 것만 보충할 뿐 아니라 사람들의 하나님께 드리는 많은 감사로 말미암아 넘쳤느니라(새번역, 여러분이 수행하는 이 봉사의 일은 성도들의 궁핍을 채워 줄 뿐만 아니라 많은 사람들로 하여금 하나님께 감사를 넘치게 드리게 할 것입니다.)
[고후 9:13] 이 직무로 증거를 삼아 너희가 그리스도의 복음을 진실히 믿고 복종하는 것과 그들과 모든 사람을 섬기는 너희의 후한 연보를 말미암아 하나님께 영광을 돌리고(새번역, 여러분의 이 봉사의 결과로 그들은 하나님께 영광을 돌릴 것입니다. 그것은 여러분이 하나님께 순종하여 그리스도의 복음을 고백하고 또 그들과 모든 다른 사람에게 너그럽게 도움을 보낸다는 사실이 입증되었기 때문입니다.

2. 헌금 방법

[고전 16:1] 성도를 위하는 연보(성도들을 도우려고 모으는 헌금, 새번역)에 관하여는 내가 갈라디아 교회들에게 명한 것 같이 너희도 그렇게 하라
[고전 16:2] 매주 첫날에 너희 각 사람이 수입에 따라 모아 두어서(따로 저축해 두십시오. 새번역) 내가 갈 때에 연보를 하지 않게 하라(그제야 헌금하는 일이 없어야 할 것입니다. 새번역)
[고후 9:7] 각각 그 마음에 정한대로 할 것이요 인색함으로나(아까워서 내거나, 새번역) 억지로 하지 말지니(마지 못해서 하는 일은 없어야 합니다. 새번역) 하나님은 즐겨(기쁜 마음으로, 새번역) 내는 자를 사랑하시느니라

3. 십일조

[갈 6:2] 너희가 짐을 서로 지라 그리하여 그리스도의 법을 성취하라
[롬 13:8] 피차 사랑의 빚 외에는 아무에게든지 아무 빚도 지지 말라 남을 사랑하는 자는 율법을 다 이루었느니라

1) 구약 시대의 십일조(창 14:20의 아브라함, 창 28:22의 야곱)

① 성막 유지

② 제사장, 레위인의 생계 유지(민 18:24, 28)

③ 고아, 과부, 어려운 사람을 구제(신 14:18-19)

④ 자신을 위해 잔치(신 4:23)

2) 신약 시대(지금)**의 십일조 - 헌금에서 연보로, 둘 다 버리지 말라**(마 23:23-24).

① 섬기는 이를 위함

② 축제, 하나님 나라를 이루고 누리기, 공동체를 위함

③ 구제, 선교, 나눔을 위함

※ 가정경제 참고자료 2

<재정에 대한 부부 서약>[46]

1) 십일조를 하겠다.
2) 재정적으로 비밀 없이 하나가 되겠다.
3) 두 사람이 따로 관리하지 않겠다.
4) 지출이 수입을 초과하지 않겠다.
5) (   )만 원 이상은 완전한 합의를 할 때까지 돈을 쓰지 않겠다.

46 — 김신호, 『성경적 재정관리』, 170. 참고하여 필자가 수정 · 보완함

※ 가정경제 참고자료 3

<재정에 대한 하나님과의 서약>[47]

1) 하나님께 대한 순종의 표시로 십일조를 하겠습니다.
2) 모든 소유가 하나님 것임을 믿고 청지기로 물질을 관리하겠습니다.
3) 나머지 90%도 하나님 나라를 위해 잘 사용하겠습니다.
   감사헌금, 구제, 섬김, 선교… 등에도 관대하겠습니다.
4) 가난한 자, 힘든 자를 물질로도 형편대로 잘 섬기겠습니다.
5) 물질로 불안이나 속박이 없이 하나님의 나라를 바라보는 순례자로서 자유와 평강으로 살겠습니다.
6) 있는 것으로 감사하고 누리며 만족하며 살겠습니다.
7) 이 땅이 아닌 하나님 나라의 순례자로 살겠습니다.
   성령으로 매일 매 순간 이끌어 주시고 도와주소서.

이름: ____________________ 서 명

증인: ____________________ 서 명

날짜: ____________________ 서 명

II. 결혼 준비, 실제로 이렇게 하자

1. 결혼 감사 헌금을 바르게 하자

2. 약혼과 결혼

1) 양가의 첫 만남, 상견례

2) 우리, 어디에서 결혼할까?

3) 결혼 알림이, 청첩장

---

47 — 위의 책, 184-185. 참고하여 필자가 수정 · 보완함

4) 웨딩 사진

5) 혼인 신고

① 혼인 신고를 하려면

② 건강 검진, 어디서 받을까?

3. 꼭 알아 두어야 할 가족 호칭

4. 본격적인 주부로서 스케줄 짜기

5. 본격적인 집들이가 시작되는 셋째 주

6. 여유 있게 맞는 넷째 주

7. 결혼 준비 계획

1) 결혼 계획 여유 있게 준비하자! D-100일 결혼 계획표

2) 서둘러 준비하자! D-60일 결혼 계획표

3) 신랑 신부가 결혼 당일 알아 두어야 할 사항

8. 결혼식 날 챙겨야 할 신부 용품

9. 피로연

10. 답례품

11. 폐백

12. 신혼여행- 신혼여행 가방 꼼꼼 체크 리스트

13. 결혼 비용 계획 – 두 사람 합쳐 결혼 총비용, 공동 지출

○ 비용 분담 체크 리스트

○ 공간별 체크 리스트

○ 품목별 체크 리스트: 가전제품, 주방 용품, 침구 및 욕실 용품

① 만족 100% 전세 계약 올가이드

② 좋은 아파트 선택의 키 포인트

③ 가구

④ 예단

⑤ 한복

⑥ 함

⑦ 결혼식 당일 소품 체크 리스트

⑧ 예식 진행 도우미 체크리스트

정리와 나눔

1. 돈에 대한 성경적인 원리 12가지를 통해 새롭게 느낀 점은 어떤 것들이 있는가?
또 나의 삶에 비추어 새롭게 결심해야 할 사항들은 어떤 것들이 있는가?

2. [미혼] 결혼 준비나 결혼식 준비, 신혼여행 준비에서 중요한 깨달음과
잘못 알고 있는 것들을 나누어 보고 수정 · 보완하는 계획을 세우자.

3. [기혼] 자녀나 교회 청년들에게 결혼 준비나 결혼식 준비, 신혼여행 준비에서 중요한
실천 계획과 잘못 알고 있는 것들을 나누어 보자.
자녀와 다음 세대에게 어떻게 결혼을 도울지 계획을 세워 보자.

4. 전체 소감을 적어 보고 나누거나 발표해 보자.

에필로그

진짜 연애학교·결혼예비학교는 이제 여러분이 실시해야 합니다!

세 달은 집중적으로 훈련해야 한다

많은 분들이 결혼예비학교를 수료하거나 연애학교를 수료한 것으로 마치 연애를 잘할 수 있다고 생각하며, 결혼을 잘할 수 있다고 생각한다. 그러나 습관을 만들려면 최소한 세 달은 반복 훈련해야 한다고 전문가들은 말한다. 좋은 습관이 지속되어야 비로소 삶이 변한다.

아직 진짜가 아니라 '연애·결혼 연습 면허증'을 받은 것이다

필자는 운전 면허장에서 한 달 교습만 받고 하루만에 필기와 기능 시험에 전부 합격했다. 그 후 면허증을 받았다. 그런데 놀라운 것은 차를 구매해 받아 놓고도 운전을 전혀 하지 못했다. 너무 답답해서 아무도 없는 새벽에 운동장으로 차를 몰고 가서 남 몰래 운전 연습을 많이 했던 기억이 난다. 즉 운전 면허증이 있다고 해서 운전을 잘한다는 것은 아니다. 최소한의 기준일 뿐이다.

그래서 요즘은 운전면허증 과정이 조금 수정된 것 같다. 필기 시험, 기능 시험을 합격해도 바로 면허증이 나오지 않는다. 우선 '연습 면허증' 발급을 받는다. 직접 '도로주행 시험'을 합격해야 비로소 정식 '운전 면허증'이 나온다.

필자가 운영하는 연애학교 · 결혼예비학교이든, 다른 곳에서 운영하는 연애학교 · 결혼예비학교이든 이 학교를 이수한 것은 모두 연애와 결혼에 대한 필기, 기능 시험에 합격을 한 정도이다. '연애 · 결혼 연습 면허증'이 나온 정도라고 생각하면 될 것이다. 아직 진짜가 아니라 '연습 면허증'을 받은 것이다.

이제 직접 실습하고 훈련하고 적용하면서 성공도 실패도 경험하며 '연애와 결혼 도로주행 시험'을 해야 한다. 또 너무 힘들거나 잘 안되면 한 번 더 수강해야 한다. 사실, 한 번으로 되는 사람은 거의 드물다. 적어도 두세 번은 해야 한다.

앞으로 '연애 적성 검사', '결혼 적성 검사'를 받아야 한다

'연애와 결혼 연습 면허증'을 받고 나면 수시로 '결혼 적성 검사'를 받아야 한다. 최고의 '연애 적성 검사'는 연애를 한 번 더 하거나 공동체 생활에서 온전하게 적응하고 헌신하며 잘 살아가는 것이다. 최고의 '결혼 적성 검사'는 '부부학교'나 '가정행복학교'이다. 아니면 그런 종류의 책을 3-4권 정도는 읽고 부부가 적용해 보는 것이다. 공동체인 가정과 교회에 잘 소속되어 섬기고 헌신하는 것이다. 관계에서도 온전해지는 것이다.

진정한 결혼 면허증은 다섯 가지를 실천해야 한다

진정한 결혼 면허증은 다음의 다섯 가지가 되어야 비로소 바른 결혼 면허증 소유자라고 할 수 있다.

첫째, 다른 부부를 잘 돌보는 멘토 부부가 되어 주자.

배우고 훈련받았으니 최종적으로 다른 젊은 부부를 섬기고 돌보는 것이 진정한 행복이고 성숙한 부부가 된다.

둘째, 사명을 감당하자.

부부가 잘 사는 정도가 결혼이 아니다. 하나님 나라의 선한 영향력을 부부 각자가 받은 사명을 통해 드러내는 것이다. 부부가 서로 그것을 잘 도와주는 돕는 배필까지 되어야 한다.

셋째, 자녀에게 존경을 먼저 받아야 한다.

"아버지, 어머니를 보니 하나님 나라를 본 것 같습니다.", "아버지 어머니를 가장 존경합니다.", "아버지 어머니를 보니 하나님이 정말 계신 것이 확실합니다."라는 말을 자녀의 입에서 들어야 한다. 자녀에게서 하나님 나라를 사신다는 존경을 받는 부모가 된 후에야 비로소 진정한 결혼 면허증을 따는 것이다.

넷째, 가장 가까운 배우자에게 인정을 받아야 한다.

배우자에게 "당신으로 인해 하나님 나라를 누립니다.", "당신으로 만족합니다.", "당신은 예수님의 성품을 가진 사람입니다."라는 말을 들을 때 비로소 진정한 결혼 면허증을 따는 것이다.

다섯째, 진실한 공동체를 세우고 섬겨야 한다.

예수님은 제자들에게 교회를 세우라고 하셨다. 맡기셨다. 최고의 신앙 증표이다. 하나님 나라의 현현이기도 하다. 자신의 교회와 사회와 국가와 지구를 생태적 공동체로 여기며 잘 섬기고 세워 가는 삶을 사는 것이 최고의 결혼 면허증이며, 인생 면허증이기도 하다. 그것이 신앙의 바른 성숙일 것이다.

부디 한 번 정도 연애학교 · 결혼예비학교 강의를 수료하고서 다 된 것이라고 여기지 않길 바란다. 책 한두 권 정도 읽고서 연애와 결혼을 다 준비한 것처럼 여기지 않기를 바란다.

그렇게 쉽지 않은 것이 연애와 결혼 생활이다. 연애학교 · 결혼예비학교는 이제 여러분이 실시해야 한다.

연애학교 결혼예비학교 소감문 - 김사라, 2023.11.11.

오래전부터 결혼예비학교를 권장하는 분들이 많이 있었습니다. 그중에는 결혼예비학교를 해보지 못하고 가정생활을 시작해 아쉬운 마음을 담아서 해 주시는 진심 어린 조언도 있었습니다. 혹은 결혼 전 두 사람의 의견 조율이 안 돼서 어렵사리 신청하고 수료했던 분도 있었습니다. 하지만 모두 하길 잘했다고 적극 추천해 주셨습니다.

연애학교 결혼예비학교뿐만 아니라 부부 상담도 꼭 받아 보면 좋겠다고 하신 분도 있었습니다. 특별히 첫 주차 강의가 많이 생각납니다. 청년들이 너무 열심히 사느라 바빠 결혼예비학교 할 시간도 쉬이 내지 못함에 대한 안타까움과 애통함이 제 가슴에도 사무쳤습니다.

기독교인이든 비기독교인이든 모래 위에 쌓는 듯, 소망 없이 병들어 가는 가정을 안타깝게도 많이 마주하기도 했습니다. 그 모습을 직면하며 가정에 대한 그리스도인의 비전이 그저 이상이자 허상 같아 비관에 빠진 시간도 보냈습니다. 책임과 의지가 없는 감정과 쾌락 그리고 오늘의 시대가 추구하는 효율과 합리성과는 정반대인 주님이 가르쳐 주신 십자가의 헌신과 희생의 가치를 가지고 좁은 길 가고자 도전하는 것이 제 안에도 많이 무너져 있었습니다.

4주 차가 특히 더 좋았습니다. 이고그램 해석으로 제가 보지 못한 상대방의 모습을 알게 되니 상대방 입장에서 이해하고 존중해야겠다는 생각이 들었습니다. '상대방이 듣고 싶어 하는 말도 이런 거겠구나!' 하고 짐작도 해보고 실천해 보면서, 지난날의 피드백을 보는 같은 깨달음의 시간이었습니다.

5주 차, 결혼예비학교 수강 시작 전, 결예학을 듣는 동안에 스킨십에 있어 절제의 시간을 가지며 노력하려고 한 것이 기억에 많이 남습니다.

6주 차, 김은숙 사모님이 재정 관리의 필요성과 실질적 조언들, 십일조 정신 부분에 대해서 풀어주셔서 감사했습니다.

사모님이 얘기해 주신 물질이 시험대가 된다는 것에 공감이 많이 갔습니다. 물질에서 넘어지는 많은 사례, 그리고 저 자신을 보며 그저 늘 깨어 있기를 바랍니다. 주변의 교역자님, 집사님께 결혼예비학교를 하고 있다고 말하면 큰 칭찬을 해 주십니다. 어쩌면 새 가족 교육을 받는 것만큼이나 당연한 것 같습니다. 이 칭찬이 멋쩍기도 하고 씁쓸하기도 합니다. 그래서 서상복 목사님, 김은숙 사모님께 더 감사하고 존경합니다.

마지막으로 매주 강의를 들으며 몇 번이고 눈시울이 붉어졌습니다. 목사님의 삶에서 나온 생생한 재현들에서 저의 어린 시절도 떠올랐습니다. 슬픔과 위로의 양가감정이 들기도 했습니다. 제가 보고 듣고 자란 환경 속 생채기로 인해 갈급함이 있는 것 같습니다. 이제는 하나님 나라 가정과 양육의 모습을 알게도 되고 꿈꾸게 되었습니다. 이 땅에 사는 동안 끊임없이 시도하고 도전해 보려고 합니다. 그리고 자녀들에게 충분한 부모, 그리고 예비부부와 가정의 좋은 멘토가 되고 싶고 그리 사용해 주시길 소망해 봅니다. 두 분께 감사합니다.

해피가정사역연구소 안내

○ 연애 면허증 · 결혼 면허증은 1회도 결석하지 않고 전부 수료한 분에 한해 발급한다.

○ 재수강하시는 분은 일부 할인된다. 2번 이상 수강을 권한다.

○ "해가연" 유튜브에 '구독'과 '좋아요'를 눌려 주시면 지속적인 도움이 된다.

○ '해피가정사역연구소' 홈페이지를 검색해 들어오셔서 정회원(무료) 가입하시면 30년 동안 사역해 온 필자(서상복 소장)의 자료들을 다운받아 활용이 가능하다.

○ '성경적 상담 3색 세미나'를 온라인으로 진행하고 있다.
홈페이지에서 참고하시면 된다. 전체 강의 ppt를 드린다. 자료 파일은 유료로 제공한다.

1) 빨강 상담 세미나(8주) – 성경에 있는 신구약의 치유와 상담 22개 분석 적용

2) 파랑 상담 세미나(8주) – 성경적 상담 이론 6가지 이해와 적용, 대화법과 에고그램

3) 초록 상담 세미나(8주) – 각종 정신 질환 25가지 이해와 상담과 치유 적용
(16가지 주요 정신 질환을 강의하고, 나머지 9가지 정신 질환은 자료로 드려서 도움을 드림)

✳ ✳ ✳

기타 질문과 고민들 [유튜브 "해가연" 참고]

"1-21위 질문은 2주 차 강의 뒷 부분(50-55쪽)에 있습니다."

22) 연애를 한 번도 안 하고도 짝을 만나 연애를 잘할 수 있나요?
23) 대화를 잘하는 방법은?
24) 이성 교제나 결혼 후에 과거 이성 교제에 대해 어디까지 이야기하는 것이 좋을까요?
25) 헤어진 사람이 다시 연락해 올 때는 어떻게 해야 하나요?
26) 하나님이 믿어지지 않아요.
27) 기도가 되지 않아요.
28) 교회나 기독교인임에도 왜 그리 나쁜 짓을 많이 하나요?
29) 교회에 사랑이 없는 것 같아요.
30) 자위행위, 술, 담배는 왜 안 되나요?
31) 교회 안 다니는 사람이 왜 더 멋있을까요?
32) 가족에게 복음을 전하려면?
33) 공부를 잘하는 방법은?
34) 집중력과 자기 조절력을 기르려면?
35) 죽고 싶을 때 어떻게 해야 하나요?
36) 성경을 많이 알거나 많이 읽는 법은?
37) 책을 많이 읽으려면?
38) 행복해지려면?
39) 남자들에게서 마음에 드는 여자가 되려면?
40) 여자들에게서 마음에 드는 남자가 되려면?
41) 교회 생활과 공부(직장 생활, 가정 생활)를 잘하는 것의 균형을 갖추려면?
42) 가위 눌림이나 귀신을 보거나 환각이나 환청이 있으면 어떻게 해야 하나요?
43) 제사 때문에 부모님과 갈등이 있는데 어떻게 해결하나요?
44) 부부 갈등 어떻게 해결해야 하나요?
45) 고부 갈등, 장모 사위 갈등을 어떻게 해결해야 하나요?
46) 이혼하고 싶어요.
47) 자녀 휴대폰 사용 지도법은?
48) 까다로운 아이 양육법은?
49) 자녀 훈육 방법은?
50) 우리 아이 (   ) 때 어떻게 할까요?
51) 부부 간 성관계 문제에 관해 서로 갈등이 있어요.
52) (   ) 정신과 질환은 어떻게 해결하나요?
53) 주식, 부동산 투기, 펀드, 코인… 어디까지 죄인가요?
54) 빚을 과도하게 진 상대와의 연애는 괜찮은가요?

좋은 부모, 6가지 비법이 있다.
(부부학교, 가정행복학교)

1. 부모가 먼저 행복하라

[엡 6:4] 아비들아, 너희 자녀를 노엽게 하지 말고 오직 주의 교양과 훈계로 양육하라.
[신 6:4-7] 너는 마음을 다하고 성품을 다하고 힘을 다하여 네 하나님 여호와를 사랑하라
오늘날 내가 네게 명하는 이 말씀을 너는 마음에 새기고 네 자녀에게 부지런히 가르치며
[눅 23:28] 예루살렘 딸들아, 나를 위하여 울지 말고 너희와 너희 자녀를 위하여 울라.

○ 부모가 행복하여 83% 좋은 것을 보이는 것이 교육이다.

1) 부모 각자가 먼저 하나님의 좋은 자녀가 되라(예배자로서 행복하기).

2) 부모가 성숙하라

① 소속감. 가치감. 유능감

② 대인 관계, 자기 관리력

3) 부부가 하나 되어 하나님 나라를 보이라.

4) 부모가 먼저 사명자가 되라.

(하나님께 영광을 돌리고 하나님을 기뻐함 – 사명으로, 관계의 온전함으로).

2. 가정이 하나님 나라의 문화로 꽃피게 하라

○ 가정과 결혼 = 하나님 나라 문화(다시 십자가 복음 – 성령의 기름 부으심)

1) 부부는 언약 결혼, 가정 전체는 삼위일체 하나님을 드러내라.

2) 가정에 대한 모든 책임(자녀 교육 포함)· 아버지를 다시 회복하자.

3) 성부 하나님/주님 제가 아버지입니다. 남편과 아버지 역할을 통해 하나님 아버지의 리더쉽을 발휘

(인내 – 자기 조절력, 중독되지 않기, 예의 바름, 리더쉽, 책임감)

4) 성자 예수님/주님 제가 어머니입니다. 아내, 어머니 역할을 통해 예수님을 인격과 성품을 발휘

(성품과 인격이 좋음, 따스함, 감정 표현력, 공감 능력)

5) 성령 하나님/ 성령충만으로 부부의 하나 됨(대화법을 잘 배움, 발표력 좋음, 대인관계 좋음, 사회성 좋음, 성숙해짐, 타인에 대해 배려를 잘함)

3. 자녀의 성장에 맞게 양육 형태도 변화하라

1) 자녀는 누구인가? 타락한 하나님의 자녀.

[잠 22:15] 아이의 마음에는 미련한 것이 얽혔다.
[잠 29:15] 그래서, 임의로 하게 버려두면 그 자식은 어미를 욕되게 한다.

2) 부모의 자녀 양육 형태와 역할 – 자녀 성장에 따라 바뀌어야 한다.

① 영아기(자아상) – 출생부터 2세까지: 돌봄형 양육

✔ 보육자 ✔ 신뢰감(친밀감) 형성 ✔ 상호성 형성 ✔ 흥미와 자극

② 유아기(자아상과 자존감) – 3~6세까지 아동 전기(취학 전): 지시형 양육

✔ 보호자 ✔ 자율성 향상 ✔ 양육자 ✔ 훈육, 벌

③ 아동기(자존감과 정체성) – 7~12세까지 어린이(유치원~초등학교): 지시와 훈련형, 대화형 양육

✔ 근면성. 책임감 ✔ 자율성 ✔ 건강한 자아 형성 ✔ 훈육과 벌 ✔ 학습경험 제공 ✔ 격려자

④ 청소년기(자존감 말기와 정체성 확립): 위임형 양육

✔ 가능성의 은사. 강점, 재능 10–20개 찾고 개발 ✔ 분리, 주도성, 자립성 ✔ 친구 잘 사귐
✔ 자기 관리 능력 ✔ 사명과 진로 정립

3) 사춘기 대화법을 바로 알고 실천하자.

4) 성교육을 성경적이고 전문적으로 하자. 밝고 거룩하고 풍성한 성 〉 어두운 성

4. 자녀에게 존재적 사랑을 하라

1) 사랑과 정을 구분해야 한다 – 존재로의 사랑 〉 소유(정, 조건)로의 사랑

2) 자녀를 노엽게 하지 말아야 할 10가지

① 자녀들이 할 수 있고, 줄 수 있는 이상의 것을 기대해서는 안 된다.

② 자녀들에게도 존중과 정중한 태도를 보여야 한다.

③ 나쁜 말은 피해야 한다. (비판, 인격 모독, 인격 포함한 칭찬, 극한 말, 죽이는 말, 싸우는 말)

④ 자녀에게 가르치는 것을 부모 자신도 실천해야 한다.

⑤ 부모들이 먼저 인격적 본을 보여 주어야 한다.

⑥ 자녀들과 아름다운 시간을 많이 가지라.

⑦ 부모들은 자녀들에게 그들을 사랑하고 있으며 인정하고 있다는 사실을 자녀가 느끼게 해야 한다. 자녀가 아는 방법으로 부모의 사랑을 자주 표현하라.

⑧ 자녀들이 실수하거나 실패하거나 잘못을 저지르는 것을 용납하라. 있는 모습 그대로 받아들이라. 연약함과 악함은 구별되어야 한다.

⑨ 자녀들에 대한 부모의 기대, 관습, 가정의 규칙 등을 자녀들에게 가르쳐야 한다.

⑩ 부모들도 실수나 잘못했을 때 자녀들에게 솔직하게 용서를 구하고 마음으로 다가가라.

3) 훈육 시 하지 말아야 할 7가지 원칙 – 프레지전트 온라인 칼럼의 교육과 카운슬러인 '모로토미 요시히코' 교수의 말을 서상복 소장이 수정 · 보완함

① 소리치지 않는다. 목소리가 큰 것은 다른 형태의 폭력이다.

② 감정적으로 되지 않는다.

③ 이유를 말하지 않고 꾸짖지 않는다.

④ 다른 사람 앞에서 꾸짖지 않는다. 훈육하는 사람과 자녀 당사자만 있을 때, 혹은 있게 한 후 훈육하자.

⑤ 시간이 지나고 나서 꾸짖지 않는다.

⑥ 체벌을 바르게 하라.

> [잠 13:24] 초달을 차마 못하는 자는 그 자식을 미워함이라 자식을 사랑하는 자는 근실히 징계하느니라
> [잠 13:24, 표준새번역] 매를 아끼는 것은 자식을 사랑하지 않는 것이다. 자식을 사랑하는 사람은 훈계를 게을리하지 않는다.
> [잠 22:15] 아이의 마음에는 미련한 것이 얽혔으나 징계하는 채찍이 이를 멀리 쫓아내리라
> [잠 23:13] 아이를 훈계하지 아니하려고 하지 말라 채찍으로 그를 때릴지라도 그가 죽지 아니하리라

"초달(楚撻)"이라는 말은 회초리로 종아리를 때리는 것을 말한다. 자식에게 회초리나 채찍으로 강하게 교육시키는 부모가 자식을 사랑하는 자라는 뜻이다.

- 4세 ~ 초3으로 제한하라.
- 반복적으로 세 번 이상 잘못할 때(일부러 고집과 반항을 할 때)
- 다른 사람이 아무도 없도록 하고 진행하라.
- 매: 50cm 이하, 새끼손가락보다 가는 것
- 반드시 한 대만 약간 따끔할 정도
- 때리기 전에 왜 맞는지 자녀 입으로 시인하게 하라
- 체벌 후 생각하는 의자, 자기 방에 5-10분 혼자 있게 하라.
- 5-10분 후 안아 주라.
- 약도 발라 주라.
- 사과하면 안 된다.

⑦ 부모도 약속을 지켜라. 부모도 자녀에게 바르게 잘 행동해야 한다. 책임성이 있어야 한다. 잘못하면 제대로 사과해야 한다. 부모도 하지 못하는 것을 자녀에게 요구하면 분노한다.

4) 실수와 잘못은 구분하라

5) 신본주의로 양육하라. 부모의 진짜 소원, 진짜 기쁨, 화나 슬픔이 하나님 나라를 자녀가 이루는 것에 초점이 되어 있는지 살펴야 한다.

5. 통하는 하늘 대화를 하라

대화는 그냥은 잘하지 못한다. 반드시 배우고 훈련해야 한다. 자연 대화는 자녀에게 큰 상처와 결핍을 가져온다. 배우고 훈련된 대화를 하자. 성숙하다는 것은 그가 하는 말이 성숙하다는 것이다. 말은 그 자신을 드러낸다.

1) 대화 급수를 높이라

2) 나-전달법을 하라. 너-전달법을 하지 말라

3) 듣기 주기를 잘 지켜라

4) 문제 소유 가리기로 갈등을 해결하라

5) 비폭력적 대화를 하라 - 사진처럼 말하고, 낙엽도표로 대화하자

6) 사춘기 대화법을 배워서 하라. 90%는 불안과 두려움과 염려와 스트레스를 호소하는 것이다. 태도나 말과 행동에 너무 반응하지 말라

6. 스마트폰에서 자녀를 자유하게 하라.

1) 자녀에게 정확히 알려 주고 규칙을 협의하라. 다음의 책을 읽고, 그 핵심을 자녀와 잘 나누고, 규칙을 같이 정하라.

《중학생 뇌가 달라졌다》, 《SNS와 스마트폰 중독 어떻게 해결할까?》, 《불안이라는 중독》, 《청소년 스마트 디톡스》, 《스마트폰 중독 SOS: 디지털 시대의 부모를 위한 생존 가이드》, 《다음 세대 셧다운》(서상복 외 공저), 《내가 정말 중독일까?》, 《중독 A to Z》, 《우리 아이 중독 심리백과》

2) 교회와 학교의 부모 서명이나 규칙으로 문화를 형성하라
3) 전자파의 피해를 정확히 알아라. 전두엽의 시냅스가 70%가 망가진다. 디지털 치매 증후군이 생긴다. 잠의 질을 떨어뜨린다. 호르몬의 변화를 준다. 정자와 난소를 죽인다. 집중력이 떨어진다. 대인관계가 어렵게 된다.
4) 스마트폰 주는 시기를 잘 정하라. (최소 고등학생 때부터, 아니면 중학생이더라도 자기 관리력이 70%는 넘게 될 때)
5) 스마트폰을 줄이거나 통제하는 법

① 행복하게 하라. 운동을 하게 하라

② 보호 요인을 높이라

- 적성과 은사 찾아주기
- 사명 선언문을 작성해 바른 목적을 갖게 하라
- 부부 사이 좋기
- 부모 각자가 먼저 사명자 되기
- 예배 회복
- 말씀 묵상을 습관으로
- 기도 제목을 계속 쓰고 업데이트하라
- 자율성을 높이며 잘 놀 수 있게 키우라
- 자기 관리력을 4살부터 집중 훈련하라
- 책임감을 초등 1학년부터 철저히 훈련하라
- 운동을 잘하도록 지도하라
- 친구를 잘 사귀게 하라
- 건강한 문화생활을 다양하게 하게 하라
- 자연 친화력을 높이라
- 멍때리기를 잘하게 하라
- 존재적 사랑 표현을 풍성하게 하라

③ 위험 요인을 제거하라

- 불안과 스트레스를 잘 해결하게 하라
- 중독에서 벗어나는 여러 방법을 동원하라
- 부부 싸 움을 멈추라
- 양육 태도를 일관되게 하라
- 부모가 협의하여 같은 가치관으로 양육하라
- 가장 힘든 것을 자주 나누라
- 비폭력적 대화를 하라
- 싸우는 법(갈등 해결법)을 지키자

④ 스마트폰으로 하는 대부분 활동을 개인 PC(데스트톱)로 하게 하라

⑤ 스마트폰, TV는 놀이 도구가 아니다.

(※ 좋은 놀이의 3대 요소: 입, 손, 발 3가지가 모두 많이 움직이는 것)

⑥ 부모도 스마트폰 사용을 통제해야 한다.

제20________ 호

결혼 면허증

성명: ____________________ 생년월일: ____________________

위 사람은 해피가정사역연구소가 주관하는
연애학교 · 결혼예비학교 6주 과정(15시간)을 이수하여
본 연구소는 면허증을 주어 성경적인 헌신과 연애와 결혼의 준비 증표로 삼는다.

1. 연애와 부부의 하나 됨은 하나님과 나의 하나 됨, 구속하심, 그리고 나를 거룩하게 하심을 이루는 목적임을 알았다.
2. 결혼은 내가 행복하기 위해서가 아니라 상대를 행복하게 해 주고, 결국에는 배필을 선물로 주신 하나님을 알아 가는 것임을 알았다.
3. 이런 바른 가정생활에 알맞은 인격과 비전과 신앙을 스스로 갖추고 상대방을 돕는 연인과 배필로 살 것을 여러 성도들과 하나님 앞에서 결단했다.
4. 그리스도의 장성한 분량까지 자라도록 신본주의로 자녀 양육을 잘하는 좋은 부모가 될 것을 배우고 결단했다.
5. 좋은 남편과 좋은 아내, 남·여의 차이, 부부의 성, 대화 방법, 좋은 부모로의 역할과 책임을 잘 실천하고 훈련받았기에 풍성한 혼인 잔치의 결혼 생활을 하고 가정을 든든하게 세워 갈 것이다.
6. 성령님께서 이 수료증을 받는 분의 결혼과 가정과 삶을 기름 부으시고 물이 포도주로 변함같이 풍성한 천국으로 인도하실 것을 확신한다.

이러므로 사람이 부모를 떠나 그 아내와 합하여 그 둘이 한 육체가 되리니
이 비밀이 크도다 내가 그리스도와 교회에 대해 말하노라_엡 5:31-32

○ **기 간**: 20　　　.　　　.　　　. **[6주 – 총 15시간]**

○ **발 급 인**: (사)해피가정사역연구소

○ **강 사**: 서상복 소장

○ **발급 일자**: 20　　　.　　　.　　　.

MEMO

MEMO

✳ 서상복 목사
✳ 김은숙 사모

(사) 해피가정사역연구소 소장
반디제자교회 가정상담 협동목사(합동)
새로운교회 가정상담 협동목사(합동)
(사) 한국가정사역협회 전문 가정사역자
(사) 새로운가족지원협회 상담가
(사) 보물상자 전문 상담가
(사) 만사소년 전문 상담가
(사) 부산위탁가정지원센터 상담가
(사) 좋은교사 가정.연애.결혼전문 상담가
생명사랑재가복지센터 협력 상담가
생명사랑장애인활동지원센터 협력 상담가

CCC 전문인 간사(이성 교제 · 성 · 상담 · 치유)
어세스터(한국심리검사센터) 전문상담가
IRB(부산대 생명윤리위원회) 외부 위원
Tcf(한국기독교사회) 이사

■ **저서**
『결혼 플랫폼』(글과 길, 2023. 5)
『다음 세대 셧 다운』(글과 길, 2023. 11. 공저)
『연애학교 결혼예비학교 워크북』(세움북스, 2023. 9)
『옴니버스 작품집 아버지』(세움북스, 2024. 8. 공저)
『그 어디나 하늘나라』(세움북스, 2024. 9)
『2025 다음세대 목회 트렌드 』(세움북스, 2024.11. 공저)

■ **이메일** | ssb610@hanmail.net
■ **연락처** | 010-5352-5363

■ **유튜브** | 해가연
■ **블로그** | 해피가정사역연구소
■ **홈페이지** | 해피가정사역연구소 **www.happy-home.or.kr**

유튜브

블로그

홈페이지

✳ 서상복 목사, 김은숙 사모, 서주형(첫째 아들), 서주성(둘째 아들)이 함께 삽니다.

세움북스 출간 예정 도서

『부부 플랫폼』
『연애 플랫폼』
『대화 플랫폼』
『남녀 플랫폼』
『부모 플랫폼』
『중독 플랫폼』
『성경적 3색 상담 교재』
(파랑 상담, 빨강 상담, 초록 상담)

『연애학교. 결혼예비학교』(불신자용
『가정(부부)행복학교』(불신자용)

강사님들을
소개합니다